与军运同行

——武汉军运会观赛指南

第七届世界军人运动会执行委员会 组编

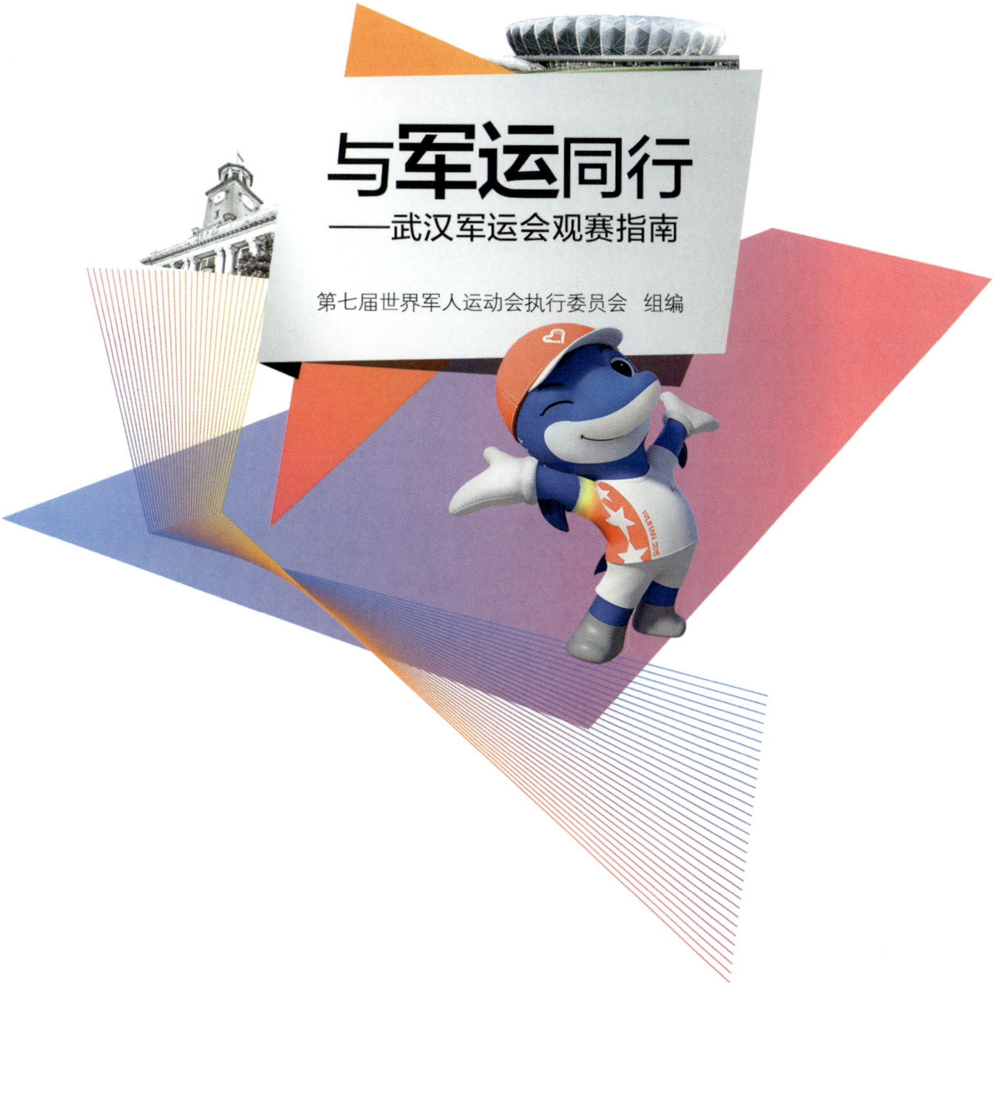

长江出版传媒 Changjiang Publishing & Media
湖北科学技术出版社 HUBEI SCIENCE & TECHNOLOGY PRESS

图书在版编目（CIP）数据

与军运同行：武汉军运会观赛指南 / 第七届世界军人运动会执行委员会组编. —武汉：湖北科学技术出版社，2019.8
ISBN 978-7-5706-0707-5

Ⅰ. ①与… Ⅱ. ①第… Ⅲ. ①军事体育—运动会—世界—通俗读物 Ⅳ. ①G873.71—49

中国版本图书馆 CIP 数据核字（2019）第 119236 号

责任编辑：徐　竹
封面设计：喻　杨　张子容

出版发行：	湖北科学技术出版社
地　　址：	武汉市雄楚大街268号（湖北出版文化城B座13~14层）
邮　　编：	430070
电　　话：	027-87679468
网　　址：	http://www.HBSTP.com.cn
印　　刷：	湖北新华印务有限公司
邮　　编：	430035
开　　本：	787×1092　1/16　15印张
版　　次：	2019年8月第1版
印　　次：	2019年8月第1次印刷
字　　数：	280千字
定　　价：	68.00元

本书如有印装质量问题　可找本社市场部更换

编委会

主　编 王　斌

编　委（按姓氏笔画排序）

　　　　王路遥　刘瑞峰　赵　华　郭宝科

　　　　徐成立　徐海亮　曾天雪

致读者朋友的一封信

亲爱的读者朋友：

　　欢迎您前来观看 2019 年武汉军运会。

　　素有"军人奥运会"之称的世界军人运动会是一个综合性的体育盛会，自 1995 年开始每四年举行一次，由国际军事体育理事会举办，除常规赛项外，还设有军事五项、空军五项、海军五项、跳伞和定向越野等军事特色项目，是和平时期各国军队展示实力形象、增进友好交流、扩大国际影响的重要平台。2019 年第七届世界军人运动会将在中国武汉举行，这是世界军人运动会自举办以来首次来到中国。

　　武汉，简称"汉"，别称"江城"。作为湖北省的省会，武汉不仅是中国中部地区的中心城市，长江经济带核心城市，全国重要的工业基地、科教基地和综合交通枢纽，中央军委联勤保障部队驻地，同时也是国家历史文化名城、楚文化的重要发祥地。全市下辖 13 个市辖区，总面积 8494.41 平方千米，2018 年常住人口 1108.1 万人，地区生产总值 1.48 万亿元。

　　武汉是一座魅力之城、机遇之城和希望之城，武汉曾数次被评选为"中国十大幸福城市"之一，市民的获得感、幸福感和安全感更是不断提升。

　　在国际军事体育理事会、国际军体各单项竞赛委员会的大力指导下，本着"创军人荣耀　筑世界和平"的办赛理念，按照"满足赛事需求、方便组织运行、体现绿色生态、益于赛后利用"的原则，武汉市积极推进竞赛筹办工作，以开放的理念、科学的方法、过硬的作风，努力把这次军运会办成一届有世界标准、有中国特色、有时代内涵、有综合效益的军人体育文化盛会，努力以一流的办赛环境、一流的场馆设施、一流的组织机构和一流的服务保障为观众朋友们提供一流的观赛体验。

　　亲爱的读者朋友，若想获得更好的观赛体验，您既需要了解军运会赛事的日程安排和场馆资讯，也需要熟悉军运会的比赛项目和观赛礼仪。本指南不仅为您讲述了武汉军运会概况，还详细介绍了相应的比赛项目、场馆设施项目以及乘车攻略。除此之外，本指南特别介绍了武汉的美食、旅游、出行等各方面内容，为您展现武汉"全国文明城市"的良好形象以及改革开放 40 年来武汉的成就及变化。请在观赛前阅读本指南，合理安排您的行程。

　　祝您拥有一次美好而难忘的军运会观赛之旅！

武汉军运会场馆分布图

① 后湖板块。位于武汉市长江与汉江交汇处以北区域，涉及江岸、江汉、硚口 3 个中心城区和东西湖、黄陂、新洲 3 个新城区。后湖板块共安排 7 处场馆设施项目，其中 2 处新建项目、4 处维修改造项目、1 处临时设施项目。军运会期间将进行空军五项、海军五项、足球、游泳（水上救生）、乒乓球、跆拳道 6 个大项 50 个小项的比赛。

② 沌口板块。位于武汉市长江与汉江交汇处以西区域，涉及汉阳区、蔡甸区和武汉经济技术开发区（汉南区）。沌口板块共安排 10 处场馆设施项目，其中 5 处新建项目、4 处维修改造项目、1 处临时设施项目。军运会期间将承办跳伞、射箭、马术、高尔夫球、现代五项、射击、游泳（含跳水）、田径、排球（含沙滩排球）共 9 个大项 106 个小项的比赛。同时，军运会开闭幕式及新闻发布、赛事转播活动也将在沌口板块举行。

③ 光谷板块。位于武汉市长江南岸东湖周边区域，涉及武昌、青山、洪山 3 个行政区及东湖新技术开发区、东湖生态旅游风景区 2 个功能区。光谷板块共安排 14 处场馆设施项目，其中 4 处新建项目、8 处维修改造项目、2 处临时设施项目。军运会期间，将承办军事五项、羽毛球、篮球、拳击、自行车、高尔夫球、柔道、帆船、射击、游泳（公开水域）、田径（马拉松）、排球（含沙滩排球）、摔跤 13 个大项 88 个小项的正式比赛，以及体操、网球 2 个大项 13 个小项的表演赛。

④ 黄家湖板块。位于武汉市长江南岸黄家湖周边区域，涉及洪山、江夏 2 个行政区。共安排 4 处场馆设施项目，其中 1 处新建项目、1 处维修改造项目、2 处临时设施项目。军运会期间将举行空军五项（定向越野比赛）、定向越野、击剑、铁人三项 4 个大项 29 个小项的比赛；以及承担参赛团队的居住、餐饮功能。

CONTENTS
目 录

part 1　武汉军运会概况 …………………………………………… 6

  1-1　世界军人运动会起源 / 8
  1-2　国际军事体育运动组织 / 12
  1-3　武汉军运会申办历程 / 18
  1-4　武汉军运会邀请信 / 22
  1-5　武汉军运会目标 / 24
  1-6　武汉军运会理念 / 26
  1-7　武汉军运会主题和口号 / 30
  1-8　武汉军运会会徽 / 32
  1-9　武汉军运会吉祥物 / 34
  1-10　武汉军运会开闭幕式 / 36
  1-11　武汉军运会火炬传递 / 40
  1-12　武汉军运会志愿服务 / 44

part 2 观赛必读 ·· 46

    2-1 启动军运之旅 / 48

    2-2 军运会场馆 / 52

    2-3 军运会期间的交通 / 62

    2-4 获取信息的渠道 / 66

    2-5 观赛规则与礼仪 / 68

    2-6 竞赛日程安排 / 72

part 3 军运会项目导引 ································ 74

3-1 空军五项 / 76	3-10 自行车 / 114	3-19 游泳 / 150
3-2 军事五项 / 82	3-11 马术 / 118	3-20 乒乓球 / 156
3-3 海军五项 / 86	3-12 击剑 / 122	3-21 跆拳道 / 160
3-4 定向越野 / 90	3-13 足球 / 126	3-22 田径 / 164
3-5 跳伞 / 94	3-14 高尔夫球 / 130	3-23 铁人三项 / 168
3-6 射箭 / 98	3-15 柔道 / 134	3-24 排球 / 172
3-7 羽毛球 / 102	3-16 现代五项 / 138	3-25 摔跤 / 176
3-8 篮球 / 106	3-17 帆船 / 142	3-26 体操 / 180
3-9 拳击 / 110	3-18 射击 / 146	3-27 网球 / 184

part 4 欢聚在武汉 ····································· 192

    4-1 美食在武汉 / 194

    4-2 运动在武汉 / 200

    4-3 畅行在武汉 / 204

    4-4 美景在武汉 / 208

    4-5 商圈在武汉 / 220

    4-6 文娱在武汉 / 228

附录 国际军体会成立国一览表 ························ 234

Part 1

武汉军运会
概况

第七届世界军人运动会（以下简称武汉军运会）将于2019年10月18日至27日在中国湖北武汉举办。比赛共设置27个大项，共计328个小项。届时，将有来自100多个国家的1万多名现役军人同台竞技。本次军运会是继北京奥运会后我国举办的规模较大的国际体育盛会，是展示国家发展伟大成

就、诠释我国和平发展道路、彰显改革强军新面貌、弘扬中华民族优秀文化的重要窗口，意义非凡，影响重大。本次军运会设计了会徽、吉祥物、会歌、奖牌等军运会元素，将国际军体的理念与文化、中国的文化与价值、武汉市的人文历史等有效融入诸元素中，形象地诠释了国际军事体育运动的价值取向和文化内涵，广泛传播了中国悠久的历史文化和敢为人先、追求卓越的武汉精神。

Part 1

武汉军运会概况

1-1
世界军人运动会起源

体育运动从诞生之日起，就与军人结下了不解之缘。最初的竞技活动多在军营举行，目的是训练体格健壮、技能过人的士兵，以提升军队的战斗力，使其在战争中立于不败之地。在古希腊的古代奥林匹克运动会赛场上，运动员就以士兵为主体；赛跑、赛马、赛战车、五项竞技（短跑、跳远、铁饼、标枪、摔跤）等项目，也都带有鲜明的军事烙印。当时，各城邦为了让运动员能安全地参加四年一度的奥运会，约定赛会期间暂停军事行动。这就是著名的"奥林匹克神圣休战"。古代奥运会由此成为独立于当时战争环境之外的追求和平与友谊的盛会。

1896年，致力于恢复传统的现代奥运会开始举行，日益引人瞩目，并发展成为世界上规模最大、水平最高、影响最广的综合性体育盛会。第一次世界大战后，经历了战争带来的阴影和灾难，军人们愈加珍爱来之不易的和平，更愿意在赛场上而非战场上一决高下。于是在1919年，美国远征军司令约翰·约瑟夫·潘兴将军在巴黎郊区发起组织了第一届盟军运动会，来自18个国家的1500名军人运动员参加了24个项目的比赛。

第二次世界大战后，盟军之间的体育比赛又活跃起来。1946年，只有田径比赛的第二届盟军运动会在柏林举行。1948年2月，在法国尼斯举行的一次击剑比赛上，法军上校亨利·德布鲁斯等人发起成立了国际军事体育理事会（简称国际军体，法文简称CISM），欧美各国军队相继加入。国际军体以"体育传友谊"为宗旨，每年举办多项世界军事体育锦标赛，倡导以体育的方式团结世界各国的武装力量，促进军事交流，维护世界和平。

东欧剧变后，随着原华沙条约组织成员国的加入，国际军体成员数量进一步壮大，并获得国际奥林匹克委员会（IOC）正式承认，成为奥林匹克大家庭的一员。1995年，为了庆祝世界反法西斯战争胜利和《联合国宪章》签署50周年，同时也为了扩大自身的影响力，国际军体决定创办一个每隔4年举行一次的国际综合性运动会，于是世界军人运动会（简称军运会，英文简称MWG）应运而生。

小知识

奥林匹克休战

联合国在1993年10月25日通过第48/11号决议，呼吁会员国在奥运会开幕前7天至闭幕后7天遵守奥林匹克休战。联合国《千禧年宣言》中也提出："我们促请会员国从今以后个别及集体遵守奥林匹克休战，并支持国际奥林匹克委员会努力通过体育和奥林匹克理想促进和平及人与人之间的相互谅解。"

奥林匹克休战标志

与军运同行——武汉军运会观赛指南

历届军运会举办城市

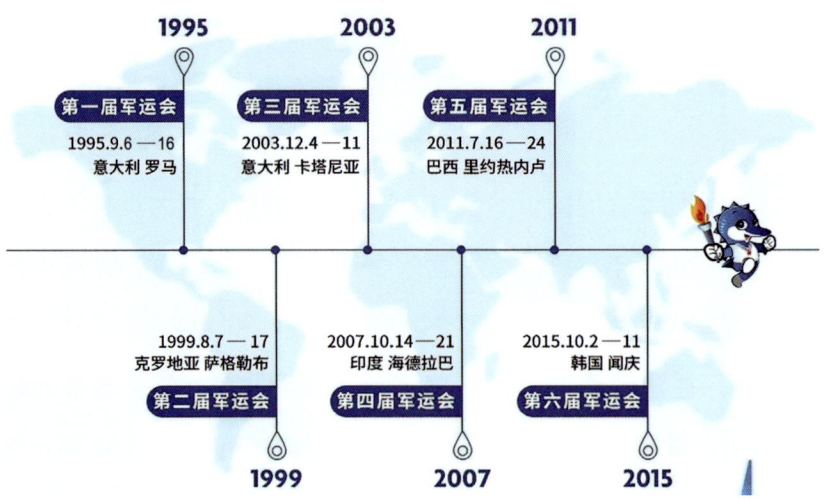

1995 第一届军运会 1995.9.6—16 意大利 罗马

2003 第三届军运会 2003.12.4—11 意大利 卡塔尼亚

2011 第五届军运会 2011.7.16—24 巴西 里约热内卢

1999.8.7—17 克罗地亚 萨格勒布 第二届军运会 1999

2007.10.14—21 印度 海德拉巴 第四届军运会 2007

2015.10.2—11 韩国 闻庆 第六届军运会 2015

世界军人运动会参照奥运会创立，与奥运会类似，创设之初只设置了夏季运动项目，但名称中并没有注明"夏季"。直到2010年举办冬季运动项目比赛时，国际军体才将新的赛会命名为"世界军人冬季运动会"（简称冬季军运会）。因此，我们通常说到军运会，指的是夏季军运会。

第一届军运会赛期13天，设置了田径、篮球、拳击、自行车、击剑、马术、足球、柔道、摔跤、游泳（含跳水、水上救生、水球）、跳伞、现代五项、军事五项、海军五项、射击、铁人三项、排球共17个大项179个小项。几乎所有比赛项目都吸引了众多奥运冠军、世界冠军和洲际冠军参与角逐。最终，俄罗斯军体代表团以62枚金牌、28枚银牌、37枚铜牌独占鳌头，俄军游泳运动员丹尼斯·潘克拉托夫被评为本届军运会最佳运动员。东道主意大利军体代表团收获了22枚金牌、16枚银牌、13枚铜牌，名列奖牌榜第二位。

我军派出了包括射击名将许海峰、游泳世界纪录保持者贺慈红等191人组成的代表团参赛，共夺得13枚金牌、21枚银牌、

你知道吗？

你知道为什么意大利举办了第一届军运会后又举办了第三届军运会？

第三届军运会举办地选址一波三折，第二届军运会后，国际军体原定由美国承办第三届军运会，但美国中途退出。后定于 2003 年 9 月 13 日至 20 日，在西班牙首都马德里举行。不过当时西班牙陷入经济衰退，军运会筹备遇到了难以解决的资金和技术问题，最后只得异地延期举行。在时任国际军体主席詹尼·高拉上校的不懈努力下，意大利卡塔尼亚出手"救场"，才让这项刚举办了两届的新兴赛事不至于退场。

PART 1

武汉军运会概况

15 枚铜牌，名列第三位。我军健儿在国际军体舞台上首次亮相，就让世界刮目相看。军运会的举办受到国际体育界的热烈欢迎。时任国际奥委会（IOC）主席萨马兰奇、时任国际大学生体育联合会（FISU）主席兼国际田径联合会（IAAF）主席内比奥罗等应邀出席了开幕式。开幕式演出融合民俗、歌剧、舞蹈、歌曲等文化元素，持续 3 个多小时，给罗马奥林匹克体育场 3 万名现场观众以及全世界的电视观众带来非凡的视听享受。

第一届军运会对意大利来说，具有重要的里程碑意义。意大利举办过 1 届奥运会、2 届冬季奥运会，1959 年前曾举办过 3 届早期的世界大学生运动会，1959 年开始又举办过 4 届大运会、6 届冬季大运会。第一届军运会及 2010 年第一届冬季军运会相继举办，使意大利成为世界上第一个举办过奥运会、大运会、军运会三大国际综合性运动会的"大满贯"国家。

此后，第二至第六届军运会每隔 4 年分别在克罗地亚、意大利、印度、巴西、韩国举办，2019 年将在中国武汉举办的第七届世界军人运动会规模超过历届之最，并将为军运会建立中国标准做出贡献。

1-2 国际军事体育运动组织

国际军事体育理事会（以下简称"国际军体"），是世界最大的国际军队间综合性体育组织，1948年2月18日由比利时、丹麦、法国、卢森堡、荷兰五国在法国尼斯发起成立，总部设在比利时首都布鲁塞尔。截至2018年4月，国际军体共有138个会员国，中国于1978年加入国际军体。

国际军体发起和组织的活动

主要有体育竞赛、官方会议、学术活动、主题活动、公益活动等五类。

体育竞赛： 国际军体定期举办军运会、冬季军运会、军校学员运动会、单项世界锦标赛、世界杯足球赛等赛事，这是国际军体的核心活动。

官方会议： 国际军体每年至少召开一次代表大会，讨论决定国际军体的发展规划、方针政策、年度计划、人事变动等重大事项。

学术活动： 围绕军事体育运动发展、促进世界和平与稳定等主题，每年举行一次国际学术年会。此外，地区性的多边和双边学术交流活动也比较活跃。

国际军体创始人：德布鲁斯上校（中）和莫力特少校（右）

主题活动： 确定每年 2 月 18 日为"国际军体日"，鼓励各会员国组织"为了和平"国际军体日跑步活动。

公益活动： 建立国际军体发展中心，倡导运动项目强国向其他国家对口输出教练人才，或帮助建立规范的训练体系。

现任国际军体主席赫尔维·皮奇里洛上校

国际军体目标

国际军体的目标是增强世界各国军人体能，增进各国军队间的相互了解与友好关系，促进世界和平与稳定。

现任国际军体秘书长多拉·曼比·科伊塔上校

国际军体口号

"体育传友谊"（Friendship Through Sport），确立了国际军事体育运动的宗旨和最高指导原则。

国际军体会旗

国际军体会徽

　　国际军体会徽是国际军体的象征，体现了国际军体全球组织的特点和军事体育的特色。会徽由金、银（灰）、黑、白、蓝五种颜色构成，核心元素包括：由白色大陆和蓝色海洋组成的地球居于中心位置，寓意国际军体是一个全球组织；围绕地球的蓝底白字"CONSEIL INTERNATIONAL DU SPORTMILITAIRE"，是国际军体的法文名称，简称"CISM"；地球上方是金色的剑柄，5个蓝白相间的剑刃在地球背后交叉分布，金色的棕榈枝在地球周边环绕，象征着军事和胜利；穿过棕榈枝的是相互套接的红色奥运五环，表达国际军体对奥林匹克运动理念和宗旨的认同，同时也代表着五大洲的团结与全世界军人运动员在军运会上和平友好相聚。

国际军体会旗

　　国际军体会旗是一面长3米、宽2米、中间以国际军体会徽和法文简称CISM为核心元素的白色蓝边旗帜。以白色为底，象征纯洁、干净、无歧视，寓意所有成员国的军人运动员都毫无例外地能在国际军体和自己国家的旗帜下参加比赛。

国际军体赛事

　　国际军体成立70年来，形成了日渐丰富的赛事体系。既举办单项世界军事体育锦标赛，也举办综合性的世界军人运动会。在综合性运动会中，以项目设置不同，分为夏季军运会和冬季军运会；以参赛选手身份不同，分为现役军人运动会和军校学员运动会。

历届世界军人运动会简况表

届次	年份	参赛代表团（个）	比赛项目（表演项目）		参赛运动员人数
			大项（项）	小项（项）	
1	1995	93	17	179	4017
2	1999	82	18（2）	127	6734
3	2003	81	11	120	3217
4	2007	101	13（2）	157	4738
5	2011	113	19（1）	195	6100
6	2015	117	24	246	7045

第六届军运会闭幕式现场

中国队员参加冬季军运会

世界军人冬季运动会：意大利于2010年3月20日至25日在奥斯塔承办了第一届冬季军运会。本届冬季军运会共设置高山滑雪、越野滑雪、冬季两项、雪地巡逻竞速、滑雪动向越野、滑雪登山、短道速滑、室内攀岩8个大项20个小项，来自40个国家的562名运动员参与角逐。从第二届开始，冬季军运会调整至冬奥会前一年举行，以便为冬奥会选拔参赛运动员。

世界军校学员运动会：在夏季和冬季军运会成功举办后，国际军体决定为世界年轻一代的军事人员创立一项新的赛事。第一届军校学员运动会于2010年10月17日至24日在土耳其安卡拉举行，来自22个国家的429名军校学员，参加了田径、排球、射击、军事五项、定向越野5个大项40个小项的比赛。

世界军事体育锦标赛：国际军体根据运动技术和内容不同，将体育项目分为集体项目、个人项目、对抗性项目和军事特色项目四类。每年举办多个单项世界军事体育锦标赛，并不定期举行洲际及部分国家参加的地区单项锦标赛。最早开始的是田径、游泳和足球单项，1946年就举办了第一届锦标赛；举行最多的是军事五项，1950年至2018年共举行了65届锦标赛。

军人足球锦标赛（足球世界杯）：国际军体设有世界足球锦标赛和世界杯足球赛两类足球赛事，其中足球世界杯源自足球锦标赛。足球锦标赛从1946年开始举办，是国际军体最早举办的3项锦标赛之一。1983年在科威特举行的第31届锦标赛中频繁出现违规行为，国际军体第38届代表大会决定停止正在进行的比赛，并无限期取消该项赛事。1985年，国际军体对足球赛制进行了改革，按照新规则进行的第32届锦标赛于1987年在意大利阿雷佐举行。1995年军运会创立后，每逢军运会举办之年，足球锦标赛均作为军运会的运动项目。

世界军事体育锦标赛：军事五项——射击比赛

PART 1

武汉军运会概况

🔷 小知识　　我国已经承办的国际军体赛事

我国已经承办的国际军体赛事表

年　份	赛事名称
1982	第 23 届世界射击锦标赛
1985	第 13 届世界排球锦标赛
1988	第 36 届世界军事五项锦标赛
1992	第 38 届世界篮球锦标赛
1998	第 46 届世界军事五项锦标赛
2002	第 28 届世界柔道锦标赛
2012	第 47 届世界射击锦标赛
2013	第 37 届世界跳伞锦标赛

1-3 武汉军运会申办历程

缘起

我军自加入国际军事体育理事会以来,不仅积极参与各项赛事和活动,先后承办了国际军体代表大会、学术年会和单项锦标赛等大型活动,为世界军事体育事业做出了重要贡献。1995年,原国家体委和重庆、南京、北京、武汉等地都先后提出过申办第二届军运会的意愿,鉴于当时条件不成熟,我军均未正式启动申

被称赞为"组织工作完美无缺"的南京青奥会

办程序。2014年8月，时任国际军体主席哈基姆·艾尔西诺在出席南京青奥会时提出，中国在当今世界政治、经济舞台上享有重要地位，多次成功举办奥运会等大型国际体育赛事，希望中国积极申办2019年第七届世界军人运动会。

2014年9月底，我军代表团收到艾尔西诺主席正式来函，经会同有关方面反复研究论证后，认为：第一，2019年适逢新中国成立70周年，举办军运会有利于开展"主场外交"，增进我军与世界各国军队间的友好交往，让世界看到我国新时代发展成就，看到我们走和平发展道路的立场和决心，看到中国人民的自信、友善、包容和人民军队威武之师、文明之师的良好形象，符合国家总体战略需要。第二，近年来我军多次承办国际军体单项世界锦标赛，积累了一定的办赛经验，初步具备组织军运会的能力。第三，2020年之前国内没有举办其他国际综合性运动会的计划，国家有关部委和地方政府均表示支持我军申办2019年第七届世界军人运动会。

2008年北京向世界奉献了一届"真正无与伦比"的奥运会

小知识

不一样的奥运会国际军体村

在北京2008年奥运会期间，我军代表团在八一军体大队设立了国际军体村，接待国际军体和各成员国代表团官员来京观摩奥运会，并与参加奥运会的各国军人运动员举行"国际军体联谊会"，推动国际军体运动与奥林匹克运动相互促进、融合发展。

北京2008年奥运会国际军体村开村仪式上飘扬的旗帜

武汉市代表接过国际军事体育理事会会旗

申办

2014年9月,武汉市接到中央军委原总参谋部函商后,经慎重研究,及时向省政府提出承办请求,湖北省政府同意并支持将武汉市承办申请上报中央军委原总参谋部。2015年1月,习近平总书记正式同意我军申办军运会并交由湖北省武汉市具体申办。2015年5月,国际军体召开第70届代表大会,正式确定我国为第七届世界军人运动会承办国家,湖北省武汉市为承办城市。2015年10月,在韩国第六届军运会闭幕式上,时任武汉市市长万勇和我军代表团团长马开平分别接过会旗和火种,军运会进入"武汉周期"。

筹办

2017年1月5日,武汉军运会组委会成立后,按照"办赛水平一流,参赛成绩一流"的总体目标,军方牵头制订了筹办工作总体规划和备战工作总体方案,并将筹办工作分为 4 个阶段：前期准备阶段（2017 年 6 月底前）、全面建设阶段（2017 年 7 月至 2018 年 12 月）、运行测试阶段（2019 年 1 月至军运会开幕）、比赛实施和总结阶段（军运会开幕至 12 月）。2017 年 7 月，武汉军运会执行委员会成立，并召开执行委员会第一次全体会议。2018 年 4 月，进一步细化任务、责任到人，形成了武汉方面筹办工作计划和重要里程碑项目清单，制订了各业务领域总体工作方案。

第七届世界军人运动会倒计时一周年晚会

 小知识　　　　　　　　　　　　　　　**中国荣耀**

中国将是继意大利、韩国、巴西之后第四个举办过奥运会、大运会、军运会的国家，将是第一个举办过夏季奥运会、冬季奥运会、青奥会的"奥运大满贯"国家。

与军运同行——武汉军运会观赛指南

武汉军运会概况

1-4 武汉军运会邀请信

国际军体项目委员会联络人拉斐尔·皮涅鲁展示《邀请信》

　　2018年8月8日，武汉军运会组委会发出《第七届世界军人运动会邀请信》，正式邀请国际军体理事会138个成员国军队派代表团参加武汉军运会。《第七届世界军人运动会邀请信》包括由武汉军运会组委会主席、中华人民共和国中央军委副主席许其亮，武汉军运会组委会主席、中华人民共和国国务院副总理孙春兰和国际军体主席赫尔维·皮奇里洛签署的《邀请信》及附件。

《邀请信》附件的内容包括赛会规程、参赛报名方式、运动员村以及相关医疗和媒体等服务的介绍等，其中赛会规程细则介绍了兴奋剂检测、比赛项目和赛事日程安排，每个项目的具体场馆和时点等。

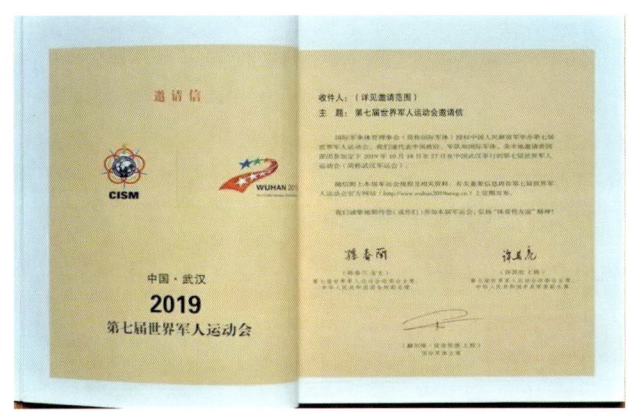

邀请信

《邀请信》附件中的赛会规程规定了武汉军运会的报名时间，设有3个节点：2018年10月18日前可以电子邮件形式提交，确认参赛意向；2019年1月18日前可通过赛会官方网站报名专用通道报名，确认参赛规模与人数；2019年7月18日前可通过赛会官方网站报名专用通道提交最终报名信息。

小知识　　中国队员在军事五项竞赛中的技术独创

中国军事五项队根据比赛的技术规范，对重要技术动作进行了重点攻关，在国际军事五项竞赛技术领域实现了8个独创："步庆海高空绳梯旋身跳""申丽萍鱼跃钻低网""吴建筑射门穿涵洞""孙红军三步跃四杠""李忠323平衡跨曲木""田琳娜侧身飞断墙""王恋英水障平台立臂上""邵文芳拉蹬借力破水障"，被列为世界军事五项锦标赛的名人技术经典。

军事五项运动员正在进行赛前训练

与军运同行——武汉军运会观赛指南

1-5 武汉军运会目标

一字排开的女选手正在进行测试比赛

办赛水平一流

　　向北京奥运会看齐,在场馆建设、竞赛组织、管理运行、服务保障等各方面坚持一流标准,全力打造精品工程、精彩赛事,让中国标准引领世界,为世界军人运动会树立新标杆。

参赛成绩一流

我军代表团将以运动员为主体，以竞赛为核心，发挥参赛选手主场优势，组建最佳参赛阵容，赛出成绩、赛出水平、赛出风格、赛出境界，实现运动成绩新突破与精神文明双丰收，为新中国成立70周年献礼。

PART 1

武汉军运会概况

 我军参加历届军运会的成绩

中国加入国际军体以后，我军从1995年开始参加了全部六届世界军人运动会，均获得了优异成绩。

我军参加历届军运会的成绩表

序　号	金牌数（枚）	银牌数（枚）	铜牌数（枚）	奖牌榜排名
第一届	13	21	15	第三位
第二届	30	23	15	第二位
第三届	31	16	13	第二位
第四届	38	22	13	第二位
第五届	37	28	34	第二位
第六届	32	31	35	第三位

筹备工作紧锣密鼓

与军运同行——武汉军运会观赛指南

1-6 武汉军运会理念

绿色、共享、开放、廉洁

　　实行"廉洁办军运"责任制，始终坚持把绿色理念贯穿整个军运会的筹备、举办和赛后利用的全过程，坚持生态优先、绿色发展。

武汉五环体育中心建设工地上,工人在铺设人行道步砖

坚持廉洁军运

武汉军运会执行委员会制定了《工作人员廉洁自律守则》,全体工作人员签订了"廉洁办军运"承诺书,要求工作人员自觉遵守国家法律法规,忠于职守、服从命令,履职尽责、廉洁自律,实行"廉洁办军运"责任制,明确武汉军运会执行委员会各级领导干部的责任范围和内容。

坚持绿色军运

军运会场馆建设严格按照"不冲击湖泊保护线、低排放、零污染"标准和国家绿色建筑设计的要求,确保做到节地、节水、节能、节材,市场开发、采购、物流、住宿、餐饮以及大型活动必须注重保护环境,控制能源和资源消耗,最大限度地减少对环境和生态系统的破坏。

小知识　　　武汉军运会维修改造项目

　　武汉城市职业学院体育馆位于武汉市洪山区南李路 127 号武汉城市职业学院南校区内，为维修改造项目。曾承办 CUBA 中国大学生篮球联赛（湖北赛区）、ITF 国际女子巡回赛（武汉站）等比赛。军运会赛时主要承担击剑项目比赛。该项目占地面积约 7333 平方米，总建筑面积 11188 平方米。观众席位 2433 座。主要建设内容包括对学校原体育馆、网球馆进行改造（其中体育馆改为击剑比赛馆，网球馆改为击剑训练馆），赛后将用于教学，同时面向社会开放。

海军工程大学木兰湖校区体育场馆及设施

坚持环保军运

　　以举办军运会为契机，在全市开展保卫蓝天、碧水、净土三大"战役"，全面改善生态环境质量，重点治理工业、机动车、扬尘和燃煤四大污染，确保军运会前空气质量优良率达到 70% 以上。实行"一水一策"，力争到军运会开幕前，全面完成城市建成区水质提升。摸清土壤污染底数，建立土地利用负面清单，实施土壤污染防治集中行动。

开展"迎军运、讲文明、树新风"活动，全面推广绿色生产方式和生活方式，大力普及绿色环保理念，使绿色环保成为广大市民共识和行为准则。

场馆开放共享

未来有 27 个场馆可以独立承接国际国内大型赛事，而这些场馆很多是原有的高校体育场馆，可以实现学校与社会共享，既用于教学、专业训练，还会对市民开放，也能用于全民健身，实现开放、共享理念。

军运村美景

小知识　武汉军运会城市综合环境保障举措

为保障军运会期间良好的城市环境，向世界展示"大江大湖大武汉"的形象，武汉市坚持"办赛事"与"建城市"有机统一，集中组织开展了"五边五化"城市环境综合整治提升及"清洁家园迎军运"市容市貌综合整治工作，为武汉军运会营造一流办赛环境。按照"最优方案、最大力度、最佳效果"，对全市"场站边、线路边、工地边、铁路边、江湖边"等实施环境综合整治提升。对照"道路洁化、立面美化、景观亮化、水体净化、生态绿化"的目标，开展综合整治提升工作。

与军运同行——武汉军运会观赛指南

1-7 武汉军运会主题和口号

武汉军运会主题

共享友谊，同筑和平

世界军人运动会是为纪念"二战"胜利和联合国成立 50 周年而创立的，其初心是"庆祝和平"，宗旨是"体育传友谊"，因而和平与友谊是军运会永恒不变的主题。

武汉军运会以"共享友谊，同筑和平"（Sharing Friendship Building Peace）为主题，与国际军体的理念一脉相承。"有朋自远方来，不亦乐乎！"中国欢迎全世界军人运动员2019年相聚武汉，同台竞技、一展身手，享受增进友谊的快乐，坚定维护和平的决心。

武汉军运会口号

创军人荣耀　筑世界和平

"创军人荣耀　筑世界和平"（Military Glory World Peace）的口号，充分体现了国际军体"体育传友谊"的办赛宗旨，表达了东道主中国和世界各国军人运动员"共享友谊　同筑和平"的共同心声。创军人荣耀，展现了军人运动员勇攀高峰、追逐梦想的精神风貌；筑世界和平，突出了军人的和平使命和美好愿景。

PART 1

武汉军运会概况

第一届世界军人运动会

1995年恰逢"二战"结束50周年，世界各国举行了声势浩大的纪念活动。为了庆祝世界反法西斯战争胜利和联合国成立带来的持久和平，当年9月4日，第一届世界军人运动会在意大利首都罗马拉开帷幕。

这是全世界军人第一次相会在和平的旗帜下，欢聚在体育的舞台上。当时国际军体115个成员国中，有93个国家的军队派出了代表团，4017名军人参加了这场具有划时代意义的和平盛宴。国际媒体盛赞这是"世界军事史上一次具有特殊意义的和平庆典"。

31

1-8 武汉军运会会徽

会徽名称： 和平友谊纽带

会徽元素： "五角星""和平鸽""彩带""7"等元素

"五角星"

突出军队和军人特征，7颗"五角星"寓意世界各国军人在中国"坚持和平发展，构建人类命运共同体"的倡议下，齐聚江城武汉，共庆和平盛会。

"和平鸽"

上方第一颗五角星的一角呈现"和平鸽"造型，寓意中国将通过本次军运盛会，向国际社会传递和平发展的理念。

"彩带"

会徽的"彩带"造型，既象征中国新时代"一带一路"国际合作愿景，又形似武汉长江、汉江两江交汇的自然地貌，凸显中国和平发展理念和地域文化特色。

"7"

彩带呈"7"字形，象征武汉市即将举办第七届世界军人运动会。会徽设计简洁大气、色彩艳丽、构思巧妙、寓意丰富，与国际军体"体育传友谊"的宗旨和本届武汉军运会"共享友谊，同筑和平"的赛会主题契合。

小知识 — 第一届至第六届军运会会徽

会徽是一届军运会最鲜明的标志，历届组委会都要为所举办的军运会设计会徽。会徽通常包括主图案、赛会名称和届次、举办年份和城市等要素。

意大利（罗马）

第一届军运会会徽

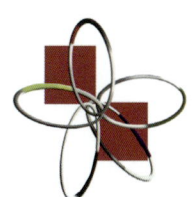

克罗地亚（萨格勒布）

第二届军运会会徽

意大利（卡塔尼亚）

第三届军运会会徽

印度（海德拉巴）

第四届军运会会徽

巴西（里约热内卢）

第五届军运会会徽

韩国（闻庆）

第六届军运会会徽

武汉军运会概况

1-9 武汉军运会吉祥物

吉祥物名称：兵兵（bingbing）

有军人的意思，发音简单，朗朗上口，易于推广；吉祥物造型活泼可爱，易于让全世界各国人民接纳和喜爱，其阳光、自信的笑容和张开双臂、迈步向前的造型，象征着新时代的中国愿以更加开放包容、热情好客的姿态，与各国友人一道共享友谊、同筑和平。

吉祥物灵感来源：中华鲟

灵感来源于中国一级重点保护野生动物、长江流域的洄游鱼种——中华鲟。中华鲟棱角分明的外形和逆流而上、洄游迁徙的习性与军人坚韧硬朗的气质高度契合；中华鲟作为水中生灵，象征中国以柔克刚、游刃有余的文化思想；中华鲟含"中华"二字，且主要生活在长江流域，表明东道主身份；中华鲟物种稀有罕见、历史悠久，需要加大保护和宣传力度，充分体现军运会人文关怀和生态保护理念。

中华鲟

PART 1

武汉军运会概况

小知识

第一届军运会吉祥物名叫 Cismo，有着羚羊的眼睛、老鼠的嘴巴，身着罗马军服，阔步前行，充满美与力量。第二届军运会因故未设计吉祥物。第三届军运会吉祥物 Liotro，是一头戴着军盔、挂着奖牌、举着奖杯、脚踩西西里岛的大象，象征着胜利和荣誉。第四届军运会吉祥物 Bravo，是一头手举军运会旗、身穿运动服、以凶猛和坚韧著称的印度大野牛。第五届军运会吉祥物 Arion，是一个手持火炬登高望远的少年，寓意是"谁拥有力量？"第六届军运会吉祥物是一对名叫 Haeraon 和 Haeraoni 的兄妹，创意来源于韩国古代神话，兄妹俩的名字在韩语中都含有"快乐"和"幸福"的意思，契合当届军运会的主题口号"团结友谊，和平长久"。

历届军运会吉祥物

第一届军运会吉祥物

第三届军运会吉祥物

第四届军运会吉祥物

第五届军运会吉祥物

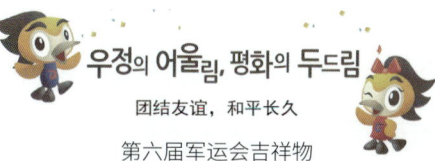
第六届军运会吉祥物

1-10 武汉军运会开闭幕式

即将承办开闭幕式活动的武汉体育中心体育馆

开闭幕式是武汉军运会的核心组成部分和最受关注的环节。好的开始是成功的一半，因而开幕式历来最为引人瞩目。它将体育、音乐、艺术表演融为一体，既庄严隆重，又绚丽多彩，既要体现体育赛会倡导和平与友谊的宗旨，又要展现承办国、承办地的民族文化和风土人情，同时还要表达对各国来宾的热情欢迎。

PART
1

武汉军运会
概况

第六届军运会闭幕式上,"武汉8分钟"展现楚风汉韵

1908年伦敦奥运会为人们奉献了现代奥运史上第一个开幕式。此后,各类大型运动会的主办者都会为筹划一场令人难忘的开幕式费尽心思,以此为即将开始的运动会定下基调。

武汉军运会开闭幕式将分别于2019年10月18日晚和10月27日晚在可容纳56000名观众的武汉体育中心体育馆举行。开闭幕式均包括仪式和文艺表演两部分内容,前者属于规定动作,后者属于自选动作,一般仪式在前,表演在后,个别环节穿插进行。

开幕式仪式按照以下顺序进行:①代表团入场;②奏中华人民共和国国歌,升中华人民共和国国旗;③奏国际军体会歌,升国际军体会旗;④贵宾致辞;⑤裁判员、运动员代表宣誓;⑥点燃主火炬。

各参赛国代表团入场时,按照国家法语名称的首字母顺序排列,东道国代表团列于队尾。代表团着军装列队,由1名旗手和4名代表着军礼服引导整个代表团。代表团经过主席台时,着军礼服者向主席台行举手礼,其余人员向主席台行注目礼。参加入场列队人员不得携带旗帜、横幅、三角小旗或其他不属于其制服部分的可见的饰件或物品。各参赛国代表团参加入场式人数原则上不超过150人。

闭幕式仪式按照以下顺序进行：①代表团入场；②贵宾致辞；③奏国际军体会歌，降国际军体会旗；④向下届军运会承办方移交会旗并安排"8分钟"文艺表演；⑤熄灭主火炬。

比起程序性的仪式，文艺表演更具有发挥创造力的空间，是开闭幕式上的重头戏。武汉军运会开闭幕式文艺表演将围绕"共享友谊，同筑和平"的军运会主题，按照中国特色、世界一流的标准进行创作，做到既体现中华文化、军事内涵又富有浓郁的荆楚特色。开幕式文艺表演将侧重突出军队文化特色，演绎辉煌的开始；闭幕式将侧重体现荆楚文化的独特魅力，标志圆满的结束。主火炬点火熄灭仪式是火炬传递活动与开闭幕式仪式完美衔接的重要环节，其创意将是军运会开闭幕式的最大亮点。

2017年9月，武汉军运会执行委员会启动了开闭幕式创意方案定向征集工作；2017年10月18日，在武汉军运会开幕倒计时2周年之际，又启动了开闭幕式

本届军运会开闭幕式导演主创团队合影

本届军运会开闭幕式总导演中国人民解放军文工团团长、国家一级编导杨笑阳

创意设计社会公开征集活动。通过专业团队创作和社会公开征集、创意优化组合的方式，现已形成了开闭幕式总体实施方案，导演主创团队已入场工作，各参演单位遴选和文艺节目创作正在进行。我们相信，经过全社会的集思广益和万千演职人员的勤劳创造，武汉军运会开闭幕式一定能向世界奉献一场文化盛宴，创造军运会史册的辉煌篇章。

本届军运会开闭幕式由中国人民解放军文工团团长、国家一级编导杨笑阳担任总导演、总创意，北京奥运会开闭幕式工作部部长、国家一级编剧张和平担任艺术总顾问，导演团队核心成员大多来自军队，也有一些活跃在地方艺术创作一线的新锐力量，其中很多人曾参与北京奥运会开闭幕式的演出创作。

与军运同行——武汉军运会观赛指南

Part 1
武汉军运会概况

1-11
武汉军运会火炬传递

传递象征和平的圣火，是奥运会的传统，也为包括军运会在内的各类大型运动会所借鉴和传承。2008年北京奥运会进行了奥运史上传递路程最长、覆盖地区最广、参与人数最多的"和谐之旅"，2万多名火炬手心手相传，让"祥云"火炬首次传遍全球五大洲，登顶珠穆朗玛峰，点燃奥运激情，传递光荣梦想。

2008年3月24日，北京奥运会圣火采集仪式在希腊奥林匹亚举行

PART
1

武汉军运会
概况

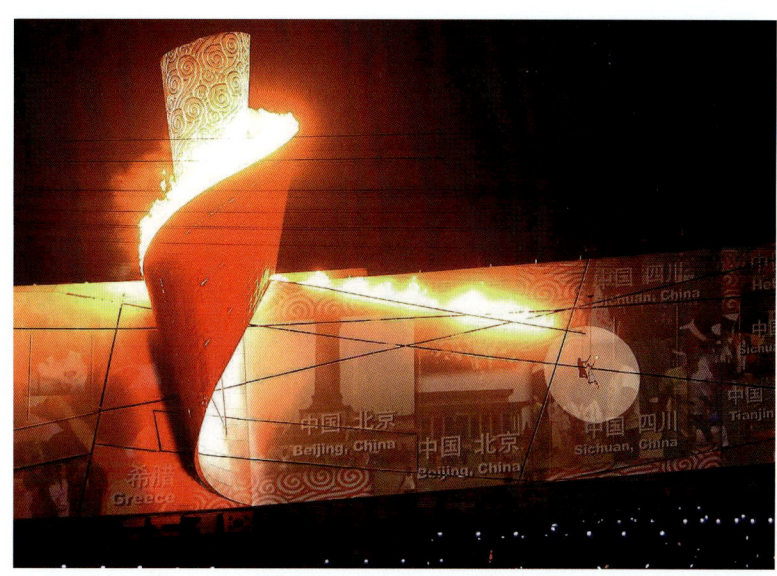

2008年8月8日晚8时，北京第29届夏季奥运会开幕式火炬点燃瞬间

火炬传递作为军运会重要宣传推广活动，是彰显强国强军伟大成就、宣介和平发展理念主张、弘扬中华民族优秀文化的重要载体，将进一步激发社会各界和全军官兵"关注军运、支持军运、参与军运"的热情，为军运会成功举办营造良好氛围。本次火炬传递活动，将以富有激情的方式引燃人们对军运会的关注和期待。

武汉军运会火炬名为"和平荣光"，寓意"和平、发展、友谊"。火炬顶部由三团火焰紧靠相融而成，象征世界各地的军人相聚中国，点燃彼此热情、同筑和平友谊；长城垛口形的进风口环绕火炬顶部，代表将和平发展的理念传递到全世界；中国红底色的数码迷彩涂装，富有军运特色和文化底蕴；火炬底部的圆寓意世界和平、同为一体。

2019

与军运同行——武汉军运会观赛指南

2008年5月31日，北京奥运火炬接力武汉站，奥运冠军杨威传递第一棒

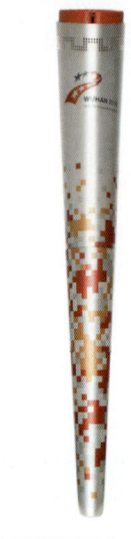

第七届世界军人运动会火炬样式

与奥运会火炬传递不同，武汉军运会火炬不仅光在城市传递，还要传到军队营区，传到东西南北偏远艰苦的哨所营地，以当代中国军人的英姿呈现一届与众不同的火炬传递。此外，还将同步开展网络火炬传递活动，让军运会的和平之光照耀更多人。

传递线路：2019年8月1日起，火炬传递将在中国人民解放军诞生地——江西南昌采集火种并启动传递。然后采用展示性传递和接力传递相结合的方式，在我国全军43个站点进行，包括27个城市和16个部队站点。

42

 **武汉军运会火炬手是如何选拔产生的？**

火炬手是按照组织系统提名推荐的方式选拔产生的，共有2019名火炬手参与传递，由954名军队火炬手、995名地方火炬手和70名外籍火炬手组成。

在选拔标准上注重价值导向，坚持面向基层、面向群众，选拔宣扬那些品德高尚、乐于奉献、成绩突出、事迹感人的身边典型，弘扬主旋律，传递正能量。

在人员组成上注重广泛多样，充分考虑中、外、军、地不同方面，充分考虑英模人物、基层官兵、老红军老战士、优秀运动员教练员、双拥模范、退役军人、军属烈属等不同类型，确保火炬手的广泛性和代表性。

此外，还安排部分集体火炬手参加传递，均为受到党中央、国务院和中央军委表彰的先进集体代表。

中华人民共和国国防部新闻局局长、国防部新闻发言人吴谦大校展示武汉军运会火炬

与军运同行——武汉军运会观赛指南

Part 1 武汉军运会概况

1-12 武汉军运会志愿服务

志愿者是任何一个大型赛会都必不可少的重要力量，也是展示一个城市、一个区域、一个国家形象的重要窗口。武汉军运会志愿服务工作秉持"让志愿服务成为一种时尚"的理念，志愿者将以良好的精神风貌和优质的服务水平为武汉军运会提供志愿服务，充分展现武汉的亲和度和凝聚力，向世界展现一个现代化、国际化、生态化的大武汉，在全社会传播"奉献、友爱、互助、进步"的志愿精神。

PART 1 武汉军运会概况

武汉军运会志愿服务涉及面广、系统性强、队伍规模大、保障内容多、工作标准高。武汉军运会志愿者服务团队是一支组织化、体系化、专业化、国际化的志愿者队伍，参与军运会志愿服务的主要是军人和大学生志愿者。武汉军运会的志愿者有3个特点：军味、专业、时尚。

军运会期间，所有的竞赛场馆内外都将有热情的城市志愿者和军运会赛会志愿者为您提供细致体贴、真挚热忱的服务。认识您身边的志愿者团队，将为您的观赛带来很大的方便。在场馆内外，无论您遇到何种困难，都可以向志愿者寻求帮助。请认准军运会城市志愿者和赛会志愿者的服装，并注意他们身上佩戴的标识，以便您快速地解决问题。

小知识　　聚志愿力量，铸军运辉煌

武汉军运会志愿者口号"聚志愿力量，铸军运辉煌"（Be Heroes behind the Glory）

武汉军运会志愿者分为志愿者形象大使、骨干志愿者（前期筹备志愿者）、赛会志愿者以及城市志愿者四大类。

志愿者形象大使，是军运会志愿者队伍的精神旗帜，从全国全军范围内最终推选出20名，其中有航天英雄、战斗英模、维和勇士，有乒乓球、羽毛球、体操、跳水的世界冠军，有央视知名主播、全国道德模范、最美教师、最美志愿者等。

骨干志愿者，是在军运会筹备阶段参与执委会各部门日常工作的志愿者，截至2019年3月25日，已有61名骨干志愿者通过层层选拔和严格培训，全面参与执委会各个部门筹办工作。

赛会志愿者，主要服务于军运会开闭幕式、军运村、媒体中心、比赛场馆、裁判员驻地、机场、火车站、酒店等场所。武汉军运会招募了5万名赛会志愿者，主要面向在校大学生、社会人士、外籍人士、在汉大型企业和优秀志愿者组织进行招募。

城市志愿者，在军运会期间服务于城市主要交通枢纽、商业中心、旅游景区、文化场馆、广场公园、社区等场所，开展文明引导、语言服务、文化讲解、清洁家园、秩序维护、赛事宣传等志愿服务，武汉军运会将招募20万城市志愿者。

Part 2

WUHAN 2019
7th CISM Military World Games

观赛
必读

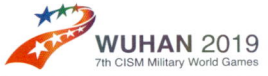

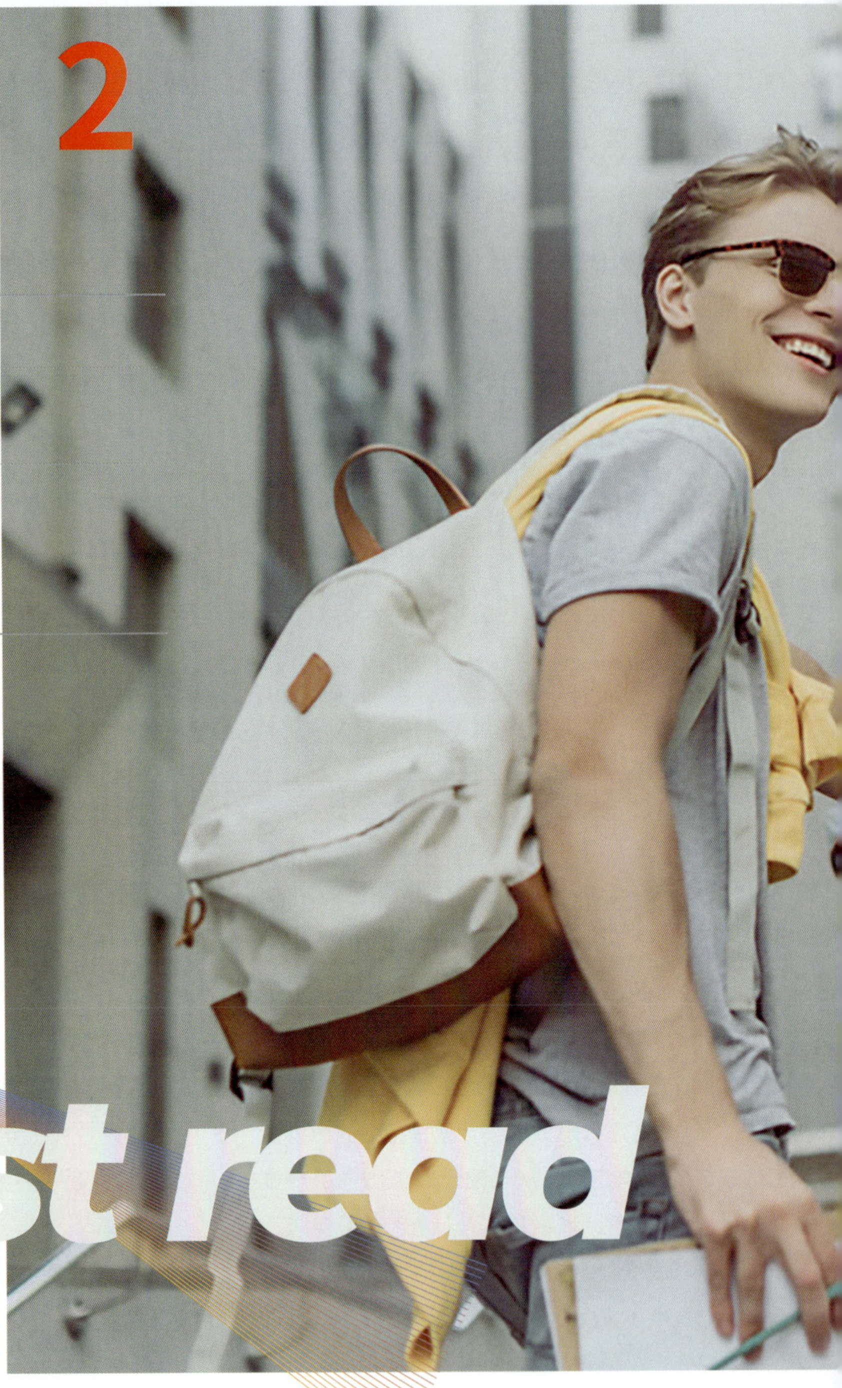

　　世界军人运动会是一个综合性的最高级别军人运动会,被称为"军人奥运会",其赛事规模仅次于夏季奥林匹克运动会,因此,军运会对观众和运动员等各类参与者有很多特殊的要求。为使您的军运之旅更加便捷、顺畅,请提前了解相关信息,做好观赛准备。

Part 2

WUHAN 2019 观赛必读

与军运同行——武汉军运会观赛指南

2-1 启动军运之旅

俯瞰军运会光谷国际网球中心,这里将承担军运会的网球比赛

门票:观看军运比赛,预订门票应该是您首先要考虑的问题。现在军运会票务网站已经开通,您可以在票务网站选择喜爱的比赛项目,安排您的观赛日程。如果您是外国朋友,还需要了解如何办理签证等问题。

场馆建设工作紧锣密鼓

酒店：如何挑选一家合适的酒店，是每一位从外地来武汉观看军运会比赛的朋友十分关注的问题。建议您提前上网，选择一家自己心仪的酒店，或是根据自己的需求，求助热情的志愿者。在天河国际机场航站楼的迎客大厅，或者武汉火车站、汉口火车站、武昌火车站以及各大长途汽车站的出站口外，志愿者将热情地接待您，解答您的各种问题。此外，您还可以在那儿免费取阅相关的军运会以及城市信息的资料。

天气：武汉 10 月平均温度是 14～23℃，白天平均 23℃，建议穿单层棉麻面料的短套装、T 恤衫、薄牛仔衫裤、休闲服、职业套装等舒适的衣服。夜间平均 14℃，建议穿套装、夹衣、风衣、休闲装、夹克衫、西装、薄毛衣等保暖衣服。军运会期间雨水较多，建议出门携带雨伞。比赛期间，每个场馆的天气情况和天气预报信息将在军运会信息发布系统实时更新，大家可以从军运会体育信息中心、

各场馆信息发布系统获取各场馆的气象信息。

场馆：对所有观众来说，如何前往军运场馆将是大家关心的重要事情之一，我们专门为您介绍军运会各比赛场馆的地理位置、场馆平面图、交通路线、比赛日程、军运场馆观赛规范、信息查询与服务等。

旅游：观赛之余，当您置身于洋溢着军运气息的大街小巷时，一定希望更进一步地感受武汉现代又时尚的文化气息。本书会为您介绍武汉的著名景点和娱乐休闲场所；本书还将为您介绍购买纪念品和品尝中国美食的好地方。

鹦鹉洲大桥

特别提醒

观赛前的准备工作

安排顺序	具体内容	预留时间
准　备	1. 妥善保管门票 2. 了解该赛事场馆的必要信息 3. 检查随身是否有军运场馆禁限带物品	赛前 3 小时
前　往	1. 预先查询交通路线及所需时间 2. 尽量选择公共交通或军运专线	赛前 3 小时
安　检	1. 场馆通常在赛前 2 小时对观众开放，某些场馆或比赛场次可能有变化 2. 请于赛前 1～2 小时到达观众安检口 3. 请主动排队，积极配合安检	赛前 1～2 小时
入　场	1. 按照门票上标注的"入口、门、区、排、座席"对号入座 2. 请尽量在赛前购买纪念品或拍照留念	赛前 1～2 小时
观　赛	1. 关注不同比赛项目对观众的特殊要求 2. 遵守观赛规则，维护赛场秩序	
退　场	1. 检查随身物品，带走身边的废弃物 2. 听从工作人员的引导，有序退场 3. 观众必须在指定时间内离开赛场	

2-2 军运会场馆

国际军体官员盛赞武汉军运会场馆建设

第七届世界军人运动会共设置 25 个比赛项目、2 个表演项目，这些项目的比赛场馆布局安排在武汉市长江主轴两侧的后湖、沌口、光谷、黄家湖四大区域板块，共有 35 处场馆设施项目。

后湖板块

位于武汉市长江与汉江交汇处以北区域,涉及江岸、江汉、硚口 3 个中心城区和东西湖、黄陂、新洲 3 个新城区。后湖板块共安排 7 处场馆设施项目,其中 2 处新建项目、4 处维修改造项目、1 处临时设施项目。军运会期间将进行空军五项、海军五项、足球、游泳(水上救生)、乒乓球、跆拳道 6 个大项 50 个小项的比赛。

沌口板块

位于武汉市长江与汉江交汇处以西区域,涉及汉阳区、蔡甸区和武汉经济技术开发区(汉南区)。沌口板块共安排 10 处场馆设施项目,其中 5 处新建项目、4 处维修改造项目、1 处临时设施项目。军运会期间将承办跳伞、射箭、马术、高尔夫球、现代五项、射击、游泳(含跳水)、田径、排球(含沙滩排球)共 9 个大项 106 个小项的比赛。同时,军运会开闭幕式及新闻发布、赛事转播活动也将在沌口板块举行。

光谷板块

位于武汉市长江南岸东湖周边区域,涉及武昌、青山、洪山 3 个行政区及东湖新技术开发区、东湖生态旅游风景区 2 个功能区。光谷板块共安排 14 处场馆设施项目,其中 4 处新建项目、8 处维修改造项目、2 处临时设施项目。军运会期间,将承办军事五项、羽毛球、篮球、拳击、自行车、高尔夫球、柔道、帆船、射击、游泳(公开水域)、田径(马拉松)、排球(含沙滩排球)、摔跤 13 个大项 88 个小项的正式比赛,以及体操、网球 2 个大项 13 个小项的表演赛。

黄家湖板块

位于武汉市长江南岸黄家湖周边区域,涉及洪山、江夏 2 个行政区。共安排 4 处场馆设施项目,其中 1 处新建项目、1 处维修改造项目、2 处临时设施项目。军运会期间将举行空军五项(定向越野比赛)、定向越野、击剑、铁人三项 4 个大项 29 个小项的比赛;以及承担参赛团队的居住、餐饮功能。

后湖板块场馆

▲ 武汉全民健身中心足球场
位于江岸区后湖大道95号，设观众席位1000个，主要承担足球项目比赛。

◀ 空军预警学院体育场馆
位于武汉市江岸区黄浦大街288号。为维修改造项目。总建筑面积18289平方米，设观众席位1200个。主要承担军事五项中运动项目（气手枪射击、游泳、击剑、篮球、障碍跑）。

◀ 武汉五环体育中心
位于武汉市东西湖区金山大道45号，由体育场、体育馆、游泳馆等部分构成"飘带状"整体造型，极具现代感；屋盖造型如展翅凤凰，颇具荆楚风韵。场馆的钢结构造型，是根据自行车车轮研发出的车辐式索承网格结构，在国内已建成的体育场馆中尚属首例。主要承担田径、乒乓球、游泳（水上救生）项目比赛。

武汉体育馆 ▶

位于武汉市硚口区解放大道 612 号。场馆占地面积 6000 平方米。总建筑面积 12025 平方米，设观众席位 1686 个。主要承担跆拳道比赛。

PART
2

观赛必读

海军工程大学木兰湖校区体育场馆 ▶

位于武汉市黄陂区木兰乡小泉山村。场馆占地面积 16 公顷，总建筑面积 23221 平方米，设观众席位 850 个。主要承担海军五项比赛。

空军武汉机场飞行项目场地 ▶

位于武汉市新洲区阳逻街芦山村。采用临时搭建观众席及赛事配套功能用房的形式满足赛事需要。主要承担空军五项中的飞行项目比赛。

▼ **汉口文体中心足球场**

位于江汉区新华路 247 号，设观众席位 8756 个。主要承担足球比赛项目。

55

沌口板块比赛场馆

◀ 军运会媒体中心
位于武汉经济技术开发区，可满足100多个国家的媒体直播、转播需要，建筑外形犹如一艘军舰，外立面使用玻璃和钛锌板双层幕墙。媒体中心功能齐备，可满足所有类别国际综合赛事的新闻发布、电视转播等要求。赛后，该中心将改造为冰上运动项目馆。

▲ 武汉商学院体育馆
位于武汉经济技术开发区东风大道816号，占地面积约3333平方米，总建筑面积9911平方米，设观众席位2185个。主要承担现代五项比赛。

▲ 武汉汉南通用航空机场跳伞场地
位于武汉经济技术开发区通航及卫星产业园，为临时设施项目，曾举办2017年首届国际航联世界飞行者大会，主要承担跳伞比赛项目。

▲ 汉阳江滩沙滩排球中心
位于汉阳江滩白沙洲大桥下游的滩地上，总建筑面积2167平方米，设观众席位1116个，主要承担沙滩排球项目比赛。

▲ 天外天高尔夫球场
位于武汉经济技术开发区军山街长山村特1号。场馆占地面积86.67公顷，拥有约6960米总长度，6个岛型果岭，6个炮台果岭，72个沙坑，设观众席位300个。主要承担男子高尔夫比赛。

PART 2 观赛必读

◀ **武汉体育中心**
位于武汉经济技术开发区车城北路 58 号，主要包括体育场、体育馆、游泳馆等部门，体育馆设观众席位 12000 个，游泳馆设观众席 3000 个。该中心主要承担开闭幕式及排球（女子）、游泳、跳水等项目比赛。

▲ **武汉商学院游泳馆**
位于武汉经济技术开发区东风大道 816 号，占地面积约 2.93 公顷，总建筑面积 14382 平方米，设观众席位 514 个。主要承担现代五项比赛。

▲ **蔡甸国防园射击射箭场馆**
位于武汉市蔡甸区麥山街老世陈村特 1 号。军运会期间主要承担射击、射箭比赛项目。射箭场占地面积 8.47 公顷，总建筑面积 43870 平方米，设观众席位 1536 个。主要承担射箭比赛。

▲ **江汉大学体育馆**
位于武汉经济技术开发区三角湖路 8 号江汉大学校园内，总建筑面积 16000 平方米，设观众席位 2300 个。主要承担男子排球项目比赛。

▲ **武汉商学院马术场**
位于武汉经济技术开发区东风大道 816 号。场馆占地面积约 13.86 公顷，总建筑面积 3343 平方米，设观众席位 2120 个。主要承担马术比赛。

2019

与军运同行——武汉军运会观赛指南

光谷板块比赛场馆

◀ **东湖新技术开发区军事五项场地**
位于武汉东湖新技术开发区珞喻东路42号，总建筑面积13118平方米，设观众席位2280个（其中越野场观众席位2000个，障碍游泳馆观众席位280个）。主要承担军事五项中的越野跑和障碍游泳项目比赛。

◀ **武汉软件工程职业学院体育馆**
位于武汉市东湖开发区光谷大道117号武汉软件工程职业学院校园内。场馆占地面积约8667平方米，总建筑面积为13506平方米，设观众席位1359个。主要承担摔跤比赛。

◀ **武汉大学大学生体育活动中心**
位于武汉市武昌区八一路299号武汉大学校园内。场馆占地面积4.06公顷，总建筑面积37200平方米，设观众席位8031个。主要承担羽毛球比赛。

◀ **武汉体育学院体育馆**
位于湖北省武汉市洪山区珞瑜路461号武汉体育学院校园内，设有3800个观众席位。主要承担拳击比赛项目。

PART
2

观赛必读

东湖绿道马拉松及公路自行车场地 ▶
位于武汉东湖生态旅游风景区东湖绿道及周边，为临时设施项目。东湖绿道曾获联合国人居大会全球推介，主要承担武汉军运会马拉松和公路自行车比赛项目。

洪山体育馆 ▶
位于武汉市武昌区洪山广场西侧体育馆路特1号。场馆占地面积约3.66公顷，总建筑面积26018平方米，设观众席位8594个。主要承担男子篮球比赛。

华中科技大学光谷体育馆 ▶
位于武汉市洪山区珞瑜路1037号华中科技大学校园内。场馆占地面积1.6公顷，总建筑面积26758平方米，设观众席位6316个。主要承担女子篮球比赛。

陆军工程大学军械士官学校体育场馆 ▶
位于武汉东湖新技术开发区珞喻东路42号，总建筑面积13118平方米，设观众席位2280个（其中越野场观众席位2000个，障碍游泳馆观众席位280个）。主要承担军事五项中的越野跑和障碍游泳项目比赛。

武汉理工大学体育馆 ▶
位于武汉市洪山区文治街34号，设观众席位5215个。该馆作为军运会柔道场馆，场馆内悬浮式运动地板，每根4米长的龙骨下方垫有9个胶垫，上下总共5层结构，富于弹性又防潮。主要承担柔道比赛。

59

2019

与军运同行——武汉军运会观赛指南

▲ 湖北省奥林匹克体育中心体育馆
位于武汉市东湖新技术开发区佛祖岭一路,项目占地面积 1.2 公顷,总建筑面积 36750 平方米,设观众席位 5365 个。主要承担现代五项比赛。

▲ 东湖帆船及公开水域场地
位于武汉市东湖生态旅游风景区东湖郭郑湖水域,临近湖心亭。有 114 个比赛用船泊位,赛时采用临时搭建观众席形式。主要承担帆船比赛。

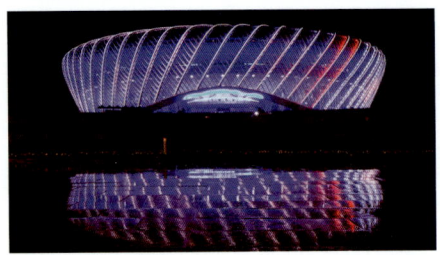

▲ 光谷国际网球中心
位于武汉市东湖新技术开发区佛祖岭一路 2 号,总建筑面积 54340 平方米,设观众席位 15000 个。主要承担网球项目比赛。

▲ 青山江滩沙滩排球中心
位于青山江滩建设八路闸口内的滩地上,总建筑面积 2167 平方米,设观众席位 1116 个。主要承担武汉军运会沙滩排球项目比赛。

▲ 驿山高尔夫球场
位于武汉市东湖开发区光谷六路高新大道 789 号。场馆占地面积 90 公顷,拥有总长度约为 6616.6 米,1 个岛型果岭,1 个炮台果岭,108 个沙坑。主要承担女子高尔夫球比赛。

黄家湖板块比赛场馆

PART 2

观赛必读

军运会运动员村 ▶

位于武汉市江夏区黄家湖大道，能够满足赛时 9000 多人的接待需求。运动员村引入先进的海绵理念，为海绵城市试点。建筑屋顶绿化，脚下是透水铺装，路边设生物滞留带，绿地景观内布置雨水花园，雨水可直接下渗储存，中水收集后进行绿化灌溉，雨量较大时可通过生态植草沟、地下渗管排入城市公共泄洪系统，保证不淹不涝。运动员在此到达比赛场馆的车程在 30 分钟左右。赛后运动员公寓将对外公开销售。

武汉城市职业学院体育馆 ▶

位于武汉市洪山区南李路 127 号武汉城市职业学院南校区内，总建筑面积 11188 平方米，设观众席位 2433 个。主要承担击剑项目比赛。

江夏八分山等定向越野场地 ▶

位于武汉市江夏区，共分 4 个地点，分别为花山场址、青龙山场址、八分山场址和天子山场址，均为临时设施项目。主要承担定向越野比赛项目。

江夏梁子湖铁人三项场地 ▶

位于武汉市江夏区龙湾度假村，采用临时搭建观众席及赛事配套功能用房的形式满足赛事需要。主要承担铁人三项比赛项目。

与军运同行——武汉军运会观赛指南

Part 2

WUHAN 2019　观赛必读

2-3

军运会期间的交通

武汉轨道交通线路图（虚线为在建路线，站点名称以实际开通为准）

军运会车辆通行证政策

武汉军运会赛会服务保障车辆实行证件管理，并按证件通行权限运行。

车辆通行证实行总量控制，由使用单位向武汉军运会组委会对口部门提出申请，经审批后核发。核发武汉军运会车辆通行证前，须由公安交管部门对申请用证的赛会车辆进行车辆安全性能和车辆电子标识的检验、核查，对持证车辆驾驶

人的驾驶资格、安全驾驶经历进行审查。已核发车辆通行证的车辆应当按规定安装电子标识。所有持证车辆按照车辆通行证规定的权限通行、停放。

军运会保障线路交通管理政策

按照武汉军运会场馆、住地分布情况，结合道路实际，设置军运会专用车道。军运会专用车道设有武汉军运会标识，持有武汉军运会车辆通行证的车辆可以在武汉军运会专用车道上通行，其他车辆禁止驶入。

持有武汉军运会开闭幕式车辆通行证的车辆，在开闭幕式当天及最后两次彩排日，可以通行军运会专用车道。

武汉军运会举办前，将发布通告，公布军运会专用车道具体管理措施、通行政策及实施时间。对违反规定驶入武汉军运会专用车道的，由公安交管部门依法进行处理。

有轨电车

军运会期间社会车辆通行管理政策

武汉军运会期间,在武汉市特定区域采取以下交通管理措施:

(1) 武汉市行政区域内全天禁止外埠车辆通行。

(2) 武汉市行政区域内全天禁止未取得军运会车辆通行证的危险化学品运输车辆通行。

(3) 武汉市行政区域内全天禁止剧毒危险化学品运输车辆通行。

(4) 三环线内区域(含三环线)、武汉经济技术开发区、东湖高新技术开发区以及指定道路,全天禁止载货汽车、专项作业车通行,确需通行的须办理通行证。

以上交通管理措施具体执行,以武汉市公安交管部门发布通告为准。

PART

2

观赛必读

截至 2019 年 4 月 8 日，武汉轨道交通日均客运量超过 300 万乘次

停车管理政策

武汉军运会期间，除设置的停车泊位外，武汉军运会保障线路全天禁止停放车辆及临时停车。

持证车辆进入武汉军运会各类场馆、住地后，按照指定区域停放。

温馨提醒：

武汉军运会期间，重点保障线路、综合保障线路及基础保障线路实行封闭或半封闭，提醒大家如果观赛，最好选择搭乘免费公交、军运公交专线、地铁、公共汽车、自行车，不提倡自驾车。

Part 2 观赛必读

2-4 获取信息的渠道

信息查询服务

比赛成绩查询： 武汉军运会组委会将提供成绩查询服务，用户可查询到赛事成绩相关信息（包括竞赛日程、单项赛程、每日赛程、比赛出场名单、比赛实时成绩、奖牌榜、破纪录等）以及官方发布的 PDF 格式的竞赛报表信息（包括秩序单、成绩公告、综合成绩公告、获奖公告等）。主要有以下 3 种查询方式：

（1）在各竞赛场馆（所）信息查询一体机中查询。

（2）登录武汉军运会官网，进入"成绩频道"查询。

（3）用手机等移动设备扫描武汉军运会官网二维码，下载武汉军运会 App，打开 App 首页，进入"成绩频道"查询。

赛事信息查询： 用户可以在武汉军运会官网下载武汉军运会 App，进入赛事管理 App 的游客模块，通过军运会官网的链接，浏览军运会的焦点新闻、官方发布、精彩视频以及江城武汉的文化、城市发展以及特色美食等信息。

相关网站

国际军事体育理事会官方网站：www.milsport.one

第七届世界军人运动会官方网站：www.wuhan2019mwg.cn

第七届世界军人运动会志愿者管理系统：vol.wuhan2019mwg.cn

武汉市人民政府门户网站：www.wuhan.gov.cn

武汉旅游网：www.visitwuhan.cn

长江网：www.cjn.cn

常用电话

报警：110　　火警：119　　医疗急救：120

道路交通事故报警：122　　号码查询：114

市长热线：12345　　气象预报：12121　　水上搜救：12395

交通运输服务监督：12328

天河机场服务热线：96577

公交服务热线：027-84510000

武汉军运会相关联系方式

官方网站：027-87179931

市场开发：027-87179972

志愿服务：027-87179635

军运会纪检监察举报电话：027-87156016

军运会纪检监察举报邮箱：jyhjgjw2019@163.com

军运会执行委员会新闻宣传部邮箱：xwxcb@wuhan2019mwg.cn

Part 2 观赛必读

2-5 观赛规则与礼仪

观赛规则

为维护安全、文明、有序的场馆观赛环境，请认真阅读以下各项规定并在观赛时遵照执行。

1. 场馆将在赛前 2 小时左右开放，所有人员进入场馆前必须经过安检，为确保您准时入场观赛，请充分考虑交通及安检排队所需时间，尽早抵达场馆。

2. 为了维护场馆秩序，方便您和他人愉快地观看比赛，请您不要携带以下物品前往场馆，以免安检时耽误您的宝贵时间：

(1) 软硬包装饮料与食品。

(2) 易碎品与各类容器，包括但不限于玻璃杯、保温杯、水壶、饭盒等。

(3) 乐器，包括但不限于演奏乐器、口哨等。

(4) 体积较大、不方便带入座席区的箱包、手提袋等随身物品。

(5) 任何横幅、标语、传单，包括但不限于商业、宗教、政治、军事、领土、人权、环保、动物保护等内容的宣传品和展示品。

(6) 任何未经授权的专业摄像设备。

(7) 刀具、球棒、长棍、长柄伞、照相机与摄像机支架等尖锐物或容易造成人身伤害的物品。

(8) 打火机、火柴等点火器具。

(9) 导盲犬以外的动物。

(10) 除婴儿车与轮椅之外的任何代步工具，包括但不限于电动自行车、小型摩托车、自行车、踏板车、滑板、旱冰鞋等。

(11) 未经授权的对讲机、扩音机、收音机、激光装置、无线电设备等干扰军运会电子信号的物品。

(12) 枪支、弹药、弩、匕首等管制器具；烟花爆竹等易燃物品，腐蚀性以及放射性物品等中国法律法规明令禁止的物品。

3. 以下行为有可能对场馆秩序、赛场环境、运动员或其他观众构成干扰：

(1) 不对号入座。

(2) 在非吸烟区吸烟。

(3) 翻越护栏、踩踏座椅以及向比赛场地、观众座席投掷物品。

(4) 携带婴儿车或轮椅进入非无障碍座席区。

(5) 进入非观众区域，如贵宾区、工作区及比赛场地等。

(6) 在座席区内撑伞、长时间站立等遮挡他人视线或影响他人观赛的行为。

(7) 刻意展示、宣传服饰及随身物品上的商业标识，集体穿戴配有相同或相似设计图案、色彩组合或商业标识的服装，故意展示任何公司名称、产品、品牌或形象。

(8) 其他分散参赛运动员、技术官员、教练员注意力，影响赛事顺利进行或妨碍他人观赛的行为，包括但不限于使用闪光灯拍照，明显处于醉酒状态进入场馆，不服从人员管理等。

4. 未经授权，禁止在场馆内进行电视转播报道或使用专业设备录像；禁止任何未经授权的宣传推广和展示活动；禁止任何筹集资金的行为；禁止在场馆内分发促销品或带有企业标识的产品。

5. 严禁围攻裁判员、运动员或其他工作人员；严禁任何形式的赌博行为；严禁任何游行、静坐、示威、裸奔等扰乱现场活动秩序和违反我国法律法规的行为。

观赛礼仪

1. 观众入场、退场有哪些礼仪要求？

(1) 观众入场前应根据场地要求着装，不可赤膊。有些场地、场馆对观众穿鞋有特殊要求，应提前了解，做好相应准备。不带易燃易爆等危险物品及打火机、酒瓶、凳子、刀具等硬件物品入场；不带易拉罐等罐装物品入场；不带宠物入场。尽量提前或准时入场；如有安全检查规定，应积极配合；如开车前往，按规定路线行驶、停车。有序入场，注意礼让老弱、妇女儿童及外国朋友入场，如有需要，为其引路指座。

(2) 比赛中，若要提前退场，在不打扰他人的情况下尽快离开。比赛结束时，向双方运动员鼓掌致意。退场时，按座位顺序退场，向最近的出口缓行或顺着人流行进。应主动将饮料杯、矿泉水瓶、果皮果核等杂物带出场外。

如比赛中突然停电，观众应保持安静，坐在自己的座位上，不随便走动。手中持有小手电或是荧光棒，可以打开照亮，但不要使用打火机、火柴等明火照明。如比赛延期，要听从工作人员的指挥，借助应急灯灯光，按照安全出口指示灯的指示有序退场。

2. 赛场升国旗、奏国歌时有哪些礼仪要求？

当赛场宣布举行升国旗、奏国歌仪式时，现场所有人员都应起立、脱帽，身体转向旗杆方向，等待升旗。升国旗、奏国歌仪式开始后，应肃立并面向国旗行注目礼，并跟着乐曲用正常音量唱国歌。

如果是升他国国旗、奏他国国歌，观众也应像尊重本国国旗、国歌一样肃立，行注目礼。

3. 啦啦队在比赛时有哪些礼仪要求？

啦啦队在入场、退场和助威时要有组织、有秩序地进行。使用的口号、标语及所呼喊的内容要健康，不要有污言秽语，不要恶语伤人，不要做变相广告。要尊重裁判，理智对待比赛结果。要了解比赛项目的有关知识，适时助威、喝彩。要掌握时机，如果使用锣鼓、乐器助威，要注意节奏，有张有弛。

啦啦队要遵守赛场纪律，文明助威，不与其他啦啦队人员发生争吵。经过允许带入场内的口号牌、横幅尺寸不宜过大，在不影响正常比赛和其他观众观赛的前提下方可亮出。

4. 观众使用手机和照相机有哪些礼仪要求？

进入观赛场地后，要将手机关闭或设置振动状态。如有事，可用短信交流，或当比赛告一段落时，走出现场接打电话。应遵守一些比赛场馆不允许带相机入场、不允许使用闪光灯的规定。

凡是运动员有仰视动作、需高度集中注意力等比赛项目，都不得使用闪光灯。

与军运同行——武汉军运会观赛指南

2-6 竞赛日程安排

国际军体 2017 年第三次执委会会议合影

2017 年 11 月 20 日至 23 日，国际军体 2017 年第三次执委会会议在武汉举行，会议确定了武汉军运会的赛程安排和竞赛项目设置。本届运动会将于 2019 年 10 月 18 日至 27 日举行，比赛项目共设 27 个大项 328 个小项。

武汉军运会竞赛日程安排

项目	10.15 二	10.16 三	10.17 四	10.18 五	10.19 六	10.20 日	10.21 一	10.22 二	10.23 三	10.24 四	10.25 五	10.26 六	10.27 日	10.28 一
开/闭军运村	√													√
开/闭幕式				√									√	
空军五项					F		C	C	C	F				
射箭						C	C	C	F	F				
羽毛球				C	C	SF	F	C	C	C	SF	F		
篮球					C	C	C	C	C	C	C	SF	F	
拳击					C	C	C	C	C		SF	F		
自行车					F		F	F						
马术					C	C	F							
击剑					F	F	F	F	F					
足球		C	C	C	C	C	C		C	SF	SF	F	F	
高尔夫球						C	C	C	F					
柔道					F		F	F						
军事五项					C	C	C	F	F					
现代五项								C	C	F	F	F		
海军五项									C	C	F			
定向越野					F	F		F						
跳伞				C	C	C	C	C	C	C	C	F		
帆船				C	C	C	F							
射击					F	F	F	F	F	F				
游泳					F	F	F	F	F					
公开水域游泳								F		F		F		
跳水									F	F	F	F		
水上救生					F	F	F							
乒乓球				C	C	SF	F	F	C	F	F			
跆拳道								F	F	F	F			
田径								F	F	F	F			
马拉松													F	
铁人三项													F	
排球		C	C	C	C	SF	F		C	SF	F			
沙滩排球						C	C	C	C	SF	F			
摔跤					F	F	F	F						
体操					C		F	F	F					
网球				C	C	C	C	C	C	SF	F	F		

说明：C=竞赛，SF=半决赛，F=决赛。

PART 2

观赛必读

Part 3

军运会
项目导引

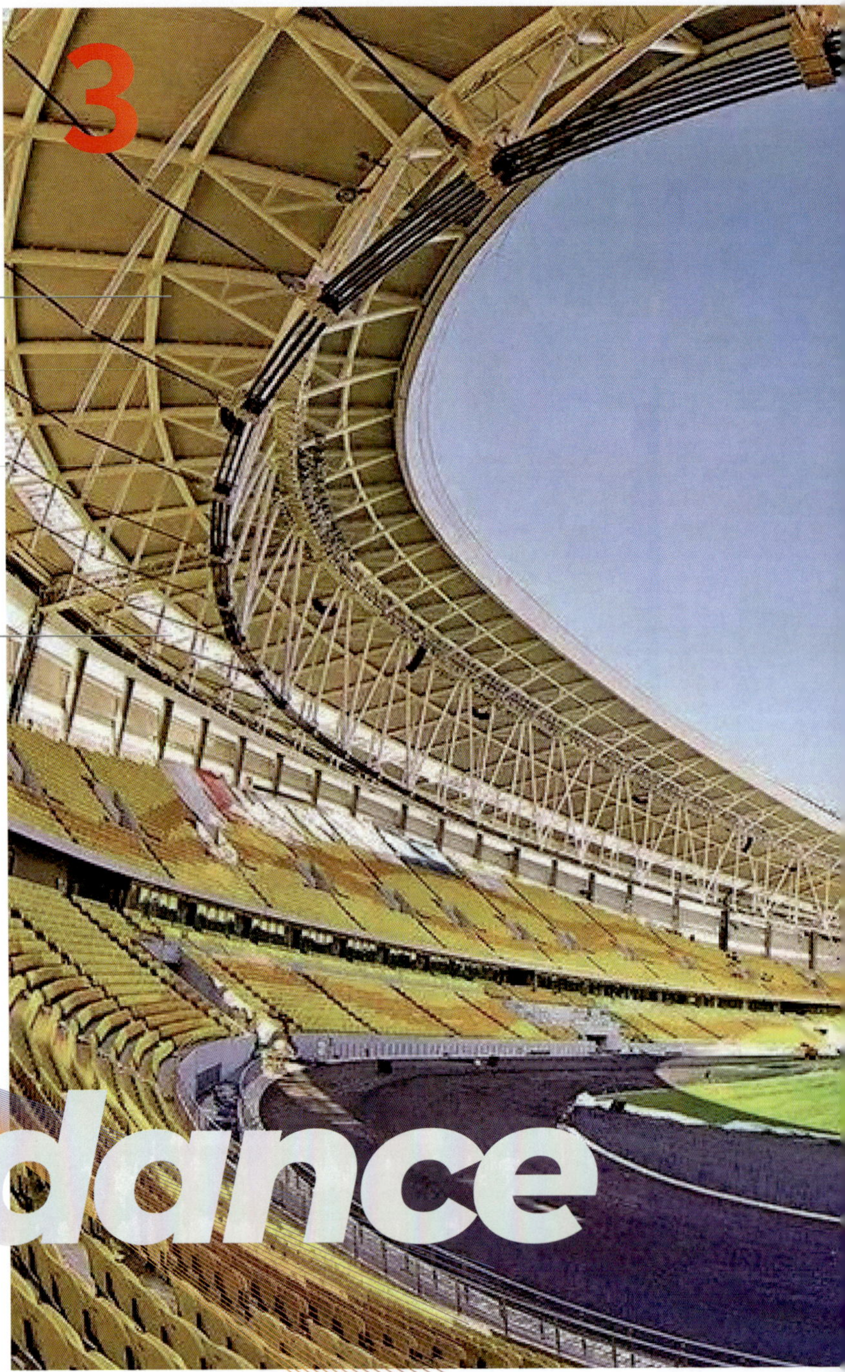

Guidance

根据奥运会惯例和国际单项体育联合会规定，有大项、分项、小项之分。大项为主干项目，国际军体称之为一级运动项目；分项是大项的分支，包含一个或多个小项；小项则是大项或分项中的一项比赛，产生名次，并据此颁发奖牌和证书。简而言之，一个大项对应一个国际单项联合会，一个小项对应一枚金牌。

军运会竞赛项目设置由国际军体执委会决定。2019年第七届世界军

人运动会设空军五项、射箭、羽毛球、篮球、拳击、自行车、马术、击剑、足球、高尔夫球、柔道、军事五项、现代五项、海军五项、定向越野、跳伞、帆船、射击、游泳、乒乓球、跆拳道、田径、铁人三项、排球、摔跤25个正式比赛项目和体操、网球2个表演项目。根据国际军体规定，武汉军运会射箭、田径2个项目设置残疾运动员比赛。残疾退伍军人运动员可报名参赛，计入各国代表队总人数，但不设立奖项、不颁发奖牌。

　　现将武汉军运会项目分为军事特色项目、非军事特色项目、表演项目三个类别，分别进行简要介绍。

与军运同行——武汉军运会观赛指南

Part 3

WUHAN 2019 军运会项目导引

3-1

空军五项

军事特色项目

比赛场馆

空军武汉机场飞行项目场地
空军预警学院体育场馆
江夏区定向越野场地

发展历程

空军五项（Aeronautical Pentathlon）1947年诞生于法国，是空军的有效训练方法，也是衡量各国空军战斗力的标志之一。空军五项比赛分为飞行比赛和运动比赛两部分。飞行比赛指低空三角导航；运动比赛包括射击、击剑、篮球、游泳、障碍跑和定向越野，选取其中5项最佳成绩作为评定标准。

2011年第五届世界军人运动会在巴西里约热内卢举行，空军五项首次进入4年一届的军运会。但对国际军事体育理事会来说，空军五项是较早列入竞技比赛的项目之一。1948年，第一届国际军事体育空军五项锦标赛举办，至2018年已举办过57届。

项目设置

空军五项项目设置表

大项	分项	小项	
		男子	女子
空军五项	运动比赛	男子个人	女子个人
		男子团体	女子团体
	飞行比赛	低空三角导航	

比赛日程

空军五项比赛日程表

日期	时间	内容
10月19日	全天	技术会议/赛前训练/飞行比赛
10月20日	全天	赛前训练/飞行比赛机动日
10月21日	上午	射击
	下午	游泳
10月22日	全天	击剑
10月23日	全天	篮球
10月24日	上午	障碍跑
	下午	定向越野

出行攻略

● 空军武汉机场飞行项目场地

公交线路：可乘坐公交 Y302、231 路在平江东路南占湾公交站下车，步行 1.2 千米；乘坐公交 Y308 路在芦山寺站下车，步行 1 千米。

空军武汉机场飞行项目场地路线图

● 空军预警学院体育场馆（雪莲馆）

地铁线路：乘坐地铁 3 号线到赵家条站（B 出口），沿建设大道向北步行 350 米到达空军预警学院体育场馆（雪莲馆）。

公交线路：乘坐公交 30、346、524、528 路、548、553、582、608、725、790、809 路在发展大道红旗建材家居站下车，步行 0.2 千米；乘坐公交 229、248、545、548、627、76、夜 610 路在黄浦大街发展大道站下车，步行 0.2 千米。

空军预警学院体育场馆（雪莲馆）路线图

● 江夏区定向越野场地（花山场地）

地铁线路：可乘坐地铁 7 号线在北华街站（A2 出口）下车，步行至北华街客运中心公交站乘坐 902 路，在江夏大道森林武警站下车，步行 420 米到达花山。

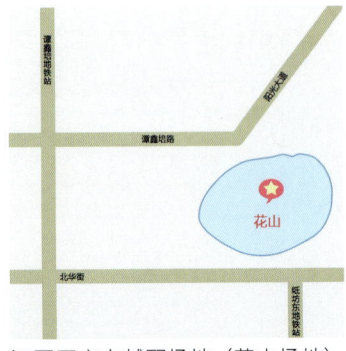

江夏区定向越野场地（花山场地）路线图

● **江夏区定向越野场地（青龙山场地）**

地铁线路：可乘坐7号线在青龙山地铁小镇站（A出口）下车，步行2.7千米到达青龙山国家森林公园。

江夏区定向越野场地（青龙山场地）路线图

● **江夏区定向越野场地（八分山场地）**

地铁线路：可乘坐地铁7号线在北华街站（A2出口）下车，步行至江夏客运站公交站乘坐段岭庙—纸坊公交至武昌大道北华街口下车，步行到达八分山。

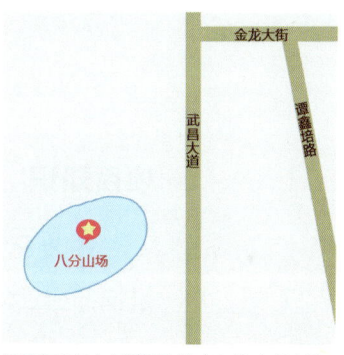

江夏区定向越野场地（八分山场地）路线图

● **江夏区定向越野场地（天子山场地）**

无直达公共交通线路，可乘坐地铁7号线在青龙山地铁小镇站（A出口）下车换乘其他交通工具或自驾前往。

江夏区定向越野场地（天子山场地）路线图

与军运同行——武汉军运会观赛指南

空军五项比赛

项目知识

空军五项分为飞行比赛和运动比赛两个部分。飞行比赛是指低空三角导航；运动比赛包括 10 米气枪射击、击剑、篮球、游泳、障碍跑和定向越野，取其中 5 项最好成绩作为评定标准，要求参赛运动员为空军军官和现役军校学员。

比赛主办国若有足够的资源提供足够数量的双座飞机和具备英语交流能力的飞行员，且在所有参赛国家至少有 1 名竞争对手参赛的情况下，可举办飞行比赛。飞行比赛是一项男女混合的比赛，男、女运动员可以一起参加，也可以互相对抗。参赛者最少可参加 2 人，最多可参加 4 人。每名选手按照主办国国家规定，在比赛组织者规定的高度飞行约 40 分钟的三角形路线。

参赛选手(9名按任务表组成命名的参赛选手)，不论男女，均以领航员身份参赛。每架飞机由主办国的飞行员驾驶，他以最好的方式执行选手关于导航和计时的指示。主办国的飞行员可以采取任何必要的行动或措施，以遵守国家规定或保障飞行安全。

热点看点

国际军事体育理事会2017年最新修订的军事航空五项全能通用规则，飞行比赛是一项男女混合的比赛，男、女运动员可以一起参加，也可以互相对抗。此前军运会空军五项飞行项目的桂冠已由巴西领航员蝉联两届。我国空军军事航空五项队于2015年9月9日在空军航空大学成立。此次作为东道主参赛，他们的表现值得期待。

观赛提示

(1) 观看运动比赛包括10米气枪射击、击剑、篮球、游泳、障碍跑和定向越野时，请观众按照不同项目着衣。

(2) 观看飞行项目须提前关注天气预报，恶劣天气将取消比赛。

(3) 障碍跑项目位于空军预警学院，定向越野比赛场地位于江夏区定向越野场地，观看比赛请合理安排出行时间。

与军运同行——武汉军运会观赛指南

军运会项目导引

3-2

军事五项

军事特色项目

比赛场馆

陆军工程大学军械士官学校体育场馆

发展历程

  1946年，法国上尉亨利·戴布鲁斯设想组织一种专为陆军举行的体育比赛，后来演变为军事五项（Military Pentathlon）。由于理念来自陆军的战争实践，军事五项是一项由射击、障碍跑、障碍游泳、投弹和越野跑组成的组合运动，根据参赛者5项比赛总成绩确定名次。堪称军运会中最精彩、最艰苦、最残酷、最锻炼军人素质的项目，是衡量各国军队战斗力的一种标志，对每个军人都是一种极限挑战。

1950年国际军体在法国昂蒂布举行了第一届世界男子军事五项锦标赛。除第三届军运会外，历届军运会均设有军事五项比赛。

项目设置

军事五项项目设置表

大 项	小 项	
	男 子	女 子
军事五项	男子个人	女子个人
	男子团体	女子团体
	障碍接力	障碍接力

比赛日程

军事五项比赛日程表

日 期	时 间	内 容
10月19日	全天	射击
10月20日	全天	障碍跑
10月21日	全天	障碍游泳
10月22日	全天	投弹
10月23日	全天	越野跑
10月24日	全天	障碍接力/颁奖仪式

出行攻略

地铁线路：乘坐地铁2号线到光谷大道站（C出口）或佳园路站（B出口）下车，换乘公交汽车。

公交线路：乘坐公交101、18、25、513、518、536、703、738路在珞瑜东路高坡店站下车。

陆军工程大学军械士官学校体育场馆路线图

项目知识

军事五项，亦称"陆军五项"，是国际军事体育理事会的传统竞赛项目，是力量、速度、毅力、耐力和运动技能相结合的综合性全能运动项目。军事五项运动起源于法国，之后被很多国家的军队所接受并在军队中开展起来。

军事五项的5个单项分别为：200米步枪射击、500米障碍跑、50米障碍游泳、投弹和8千米越野跑。每个国家由最多6名运动员组成代表队，按4名成绩最好者评定团体总分，以总分多少确定代表队的名次。

热点看点

军事五项是一项体能与技能高度融合的项目,具有强烈的竞争性、技艺性和观赏性。本届军运会将产生 6 枚军事五项金牌。俄罗斯、巴西等国家在历届军运会中都有着出色的表现,是奖牌的最有力争夺者。我国军事五项代表队也处于世界领先地位,在第六届军运会上喜获两金,尤其女子军团更是连续 3 三届蝉联该项目的金牌。此番本土作战,能否继续卫冕,让我们拭目以待。

观赛提示

(1) 比赛存在着一定的危险性,请按照要求到指定地点就座,不要到禁区,以免发生危险。

(2) 游泳馆内严禁吸烟。

(3) 严禁在比赛场地内大声喧哗、打闹、争斗,以免分散运动员的注意力。

障碍跑比赛

Part 3

WUHAN 2019 军运会项目导引

3-3

海军五项

军事特色项目

比赛场馆

海军工程大学木兰湖校区体育场馆

发展历程

　　海军五项（Naval Pentathlon）源于1949年意大利的一个训练方案，当时为建立海军军官体能适宜性标准而形成。海军五项包括障碍跑、救生游泳、实用游泳、航海技术和两栖越野五个内容。国际军体在1954年举办了第一届海军五项单项赛，而且在第一届军运会就将其列入正式比赛项目。

海军五项比赛

项目设置

海军五项项目设置表

大项	小项	
	男子	女子
海军五项	男子个人	女子个人
	男子团体	女子团体

各参赛代表队须携带比赛枪弹,赛会不提供备用枪弹。

比赛日程

军事五项比赛日程表

日 期	时 间	内 容
10月23日	全天	障碍跑
10月24日	上午	救生游泳
	下午	实用游泳
10月25日	上午	航海技术
10月26日	上午	两栖越野

出行攻略

公交线路：在武汉客运港长途汽车站乘坐市郊旅游专线1路，汽车直达黄陂木兰湖的海军工程大学木兰湖校区。

海军工程大学木兰湖校区路线图

项目知识

海军五项由障碍跑、救生游泳、实用游泳、航海技术、两栖越野五项比赛组成。救生游泳和实用游泳中的道具使用假人和假步枪。障碍跑和航海技术比赛是从海军作战转变而来的运动。在水陆两栖越野赛项目中，军人运动员进行从赛跑、射击和驾船到投弹的浅层次登陆作战，这些项目旨在进行速度和准度方面的竞争。

(1) 障碍跑。三组平行S形赛道（2个弯道）；男子赛距305米，须通过10个障碍；女子赛距280米，须通过9个障碍。

(2) 救生游泳。50米×25米标准泳池内隔断出25米×25米比赛区域，比赛所需最大水深3米；标准塑料假人（放置处水深2～4米），塑料假人在水深1米处重15千克。

(3) 实用游泳。50米×25米标准泳池内隔断出25米×25米比赛区域，往返8泳道（可供3人同时比赛），最大水深3米，标准假枪重3千克。

(4) 航海技术。4个6米高攀爬桅杆，自然水域，4个赛道，浪高不超过1米，单人双桨后划式比赛用船（船长约4米）。

(5) 两栖越野。3条赛道，路面为塑胶和沥青；100米自然水域赛道，单人单桨橡皮艇划行；靶场射击，使用0.22英寸小口径运动步枪，距离50米，3靶位，男运动员穿特制比赛作训服，背3千克重模拟步枪进行比赛，女运动员正常比赛着装，不需背枪比赛。

海军五项比赛

热点看点

海军五项对人体的身体素质、运动技术、意志品质、应变能力等都有较高要求。

我国在海军五项上起步比较晚，但我国海军五项的实力在不断增强。随着水平的继续提高，中国运动员将成为本届军运会海军五项的有力竞争者，期待本项目在此届军运会上有所突破。

观赛提示

(1) 遵守观赛要求，服从赛事工作人员的管理。由于比赛比较特殊，而且比赛场地分布的面积比较广，组委会将设置软硬隔离设施和标识牌，引导并提醒安全观赛，敬请配合，切勿攀爬危险地带或超越警戒线。

(2) 在观看馆内比赛时，手机要关机或设置在振动、静音状态，不往场内扔杂物。禁止吸烟，也不能发出刺耳的叫喊。观看馆外比赛时，不要有干扰比赛进行的行为。

Part 3
军运会项目导引

3-4
定向越野
军事特色项目

比赛场馆

江夏区定向越野场地

发展历程

定向越野（Orienteering）起源于瑞典，最初只是一项军事体育活动。定向越野从军营走向社会始于20世纪初，到20世纪30年代已在芬兰、挪威、瑞典、丹麦广泛开展。1961年，国际定向联合会（IOF）在丹麦哥本哈根成立。1965年，首届世界军人定向越野锦标赛举办。如今，定向越野吸引越来越多的人参与其中。

项目设置

定向越野项目设置表

大项	小项	
	男子	女子
定向越野	男子中距离个人	女子中距离个人
	男子长距离个人	女子长距离个人
	男子接力	男子接力
	男子团体	男子团体

在接力赛中，每个代表队最多报2支男子队伍和1支女子队伍（每支队伍3名选手）参赛。出发时间间隔：男子中距离个人1分钟（分散）；女子中距离个人2分钟；男子长距离个人1分钟（分散）；女子长距离个人2分钟。

比赛时间

定向越野比赛日程表

日 期	时 间	内 容
10月20日	全天	男子中距离/女子中距离
10月21日	全天	男子长距离/女子长距离
10月22日	全天	休息
10月23日	全天	男子接力/女子接力

出行攻略

● 江夏区定向越野场地（花山场地）

地铁线路：可乘坐地铁 7 号线在北华街站（A2 出口）下车，步行至北华街客运中心公交站乘坐 902 路，在江夏大道森林武警站下车，步行 420 米到达花山。

● 江夏区定向越野场地（青龙山场地）

地铁线路：可乘坐地铁 7 号线在青龙山地铁小镇站（A 出口）下车，步行 2.7 千米到达青龙山国家森林公园。

● 江夏区定向越野场地（八分山场地）

地铁线路：可乘坐地铁 7 号线在北华街站（A2 出口）下车，步行至江夏客运站公交站乘坐段岭庙—纸坊公交至武昌大道北华街口下车，步行到达八分山。

江夏区定向越野场地（花山场地）路线图

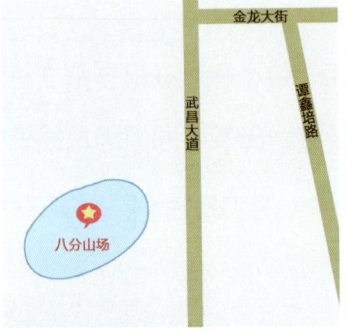

江夏区定向越野场地（八分山场地）路线图

江夏区定向越野场地（青龙山场地）路线图

江夏区定向越野场地（天子山）路线图

● 江夏区定向越野场地（天子山场地）

无直达公共交通线路，可乘坐地铁 7 号线在青龙山地铁小镇站（A 出口）下车换乘其他交通工具或自驾前往。

项目知识

定向越野是一组运动比赛，参赛者需要仅使用一张地图和一个指南针逐点通过类似山丘和溪谷的不同地形。第一个完成全程的人就是获胜者。运动员需要具备多种技能，如看地图并辨认方向，以及判断力和体力。定向越野比赛执行国际定向越野联合会（IOF）和国际军体定向越野项目最新规则。

热点看点

历届举办的定向越野比赛都能吸引 10 多个国家的军队运动队参加。根据 1972—1983 年的资料统计，按每年参加国的数量，定向越野已成为与篮球并列国际军体锦标赛的七大比赛项目之一，竞争十分激烈。在定向越野比赛中，运动员不仅需要高的身体素质（耐力、力量）以保持在森林中持久性的奔跑，更需要对地图的完美利用和迅速决断力，非常考验运动员的综合素质。

观赛提示

(1) 定向越野赛场的场地面积较大，观众距离运动员较远，建议观看比赛时带上望远镜，方便您更好欣赏比赛。

(2) 对于跑到终点的每位选手，无论成绩如何，都应给予热烈的掌声，表达敬意。

(3) 比赛场地位于江夏区定向越野场地，距离市区较远，请合理安排出行时间。

Part 3

WUHAN 2019 军运会项目导引

3-5

跳伞

军事特色项目

比赛场馆

武汉汉南通用航空机场跳伞场地

发展历程

跳伞（Parachuting）被誉为"勇敢者的运动"。18世纪末，跳伞在欧美各国迅速发展，并逐渐流行于世界上许多国家。1926年，美国率先将跳伞运动正式列为空中比赛项目。20世纪50年代，降落伞成为一种新兴运动工具，跳伞由起初的救生和利用于军事，发展成为一项国际性体育竞赛项目。

1964 年，首届国际军事体育跳伞锦标赛在法国举办，1983 年女子运动员首次出现在该项比赛中。2018 年第 42 届国际军事体育跳伞锦标赛中，多达 40 个国家参加了该项赛事。作为军运会特色项目，跳伞运动越来越吸引人们的关注。

项目设置

跳伞项目设置表

大项	小项	
	男子	女子
跳伞	男子集体定点	女子集体定点
	男子个人定点	女子个人定点
	男子个人特技	女子个人特技
	男子个人全能	女子个人全能
	男子四人造型	女子四人造型
	男子团体	女子团体
	青年男子个人定点	青年女子个人定点
	青年男子个人特技	青年女子个人特技
	青年男子个人全能	青年女子个人全能

比赛时间

跳伞比赛日程表

日 期	时 间	内 容
10 月 18 日	全天	训练 / 比赛
10 月 19—25 日	全天	比赛
10 月 26 日	上午	比赛
	上午	颁奖仪式

出行攻略

公交线路：乘坐公交 239 路在通用机场站下车，或乘坐公交 242 路在江大路东风站下车。

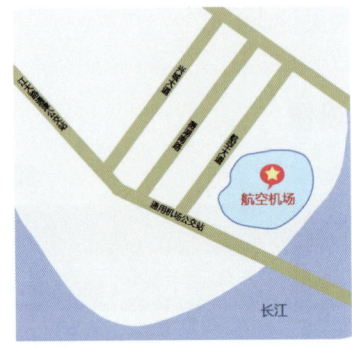

武汉汉南通用航空机场跳伞场地路线图

项目知识

跳伞运动是指跳伞员乘飞机、气球等航空器或其他器械升至高空后跳下，或者从陡峭的山顶、高地上跳下，并借助空气动力，在张开降落伞之前和开伞后完成各种规定动作，并利用降落伞减缓下降速度在指定区域安全着陆的一项体育运动。

热点看点

第五届军运会中，中国代表队在此项目上夺得了 2 枚金牌。在第六届军运会中，中国跳伞队摘得跳伞项目 4 金 4 银 1 铜的好成绩，实现历史性突破。跳伞以自身的惊险和挑战性，被世人誉为"勇敢者的运动"。中国作为东道主，在第七届军运会中我国跳伞项目运动员都会全力去发挥自己最好的水平，成绩值得大家期待。

观赛提示

(1) 比赛过程中观众不能使用闪光灯给运动员拍照。

(2) 不能向运动场地以及设备挥舞和抛掷物品。

(3) 不能向失利的运动员起哄或者发出嘘声、吹口哨,甚至做嘲笑的不文明手势。

(4) 禁止进入比赛场地。

跳伞比赛

Part 3
军运会项目导引

3-6
射箭
军事特色项目

比赛场馆

蔡甸国防园射击射箭场馆

发展历程

现代射箭（Archery）运动于14世纪起源于英国，英格兰约克郡自1673年起举行的方斯科顿银箭赛，延续至今。射箭项目在第六届军运会上首次成为正式比赛项目，并且国际军体在2018年举办了第一届射箭单项赛。

项目设置

射箭项目设置表

大 项	小 项	
	男子	女子
射箭	男子个人	女子个人
	男子团体	女子团体
	混合团体	

根据国际军体规定,武汉军运会设残疾运动员射箭比赛项目。残疾退伍军人运动员可报名参赛,计入各国代表队总人数,但不设置奖项,不发奖牌。

比赛日程

射箭比赛日程表

日 期	时 间	内 容
10月20日	全天	男子个人资格赛 / 女子个人资格赛
10月21日	全天	男子个人淘汰赛、半决赛 女子个人淘汰赛、半决赛
10月22日	全天	男子团体淘汰赛、半决赛 女子团体淘汰赛、半决赛 混合团体淘汰赛、半决赛
10月23日	全天	男子团体决赛 / 女子团体决赛 混合团体决赛 / 颁奖仪式
10月24日	全天	男子个人决赛 / 女子个人决赛 / 颁奖仪式

出行攻略

公交线路：乘坐"侏儒—蔡甸"或"黄陵—蔡甸"线巴士到"檀树村"站下车即到。

地铁线路：乘坐地铁3号线到"沌阳大道"站，换乘"汉阳—消泗"或"汉阳—侏儒"线巴士到"妣山"站，再换乘"黄陵—蔡甸"线巴士到"檀树村"站下车即到。

蔡甸国防园射击馆（飞碟射击靶场）路线图

项目知识

射箭运动要求有平衡、注意力集中、协调和时间感觉等素质和能力。比赛使用反曲弓，资格赛每名运动员72支箭。

比赛的胜负以射中箭靶的环数来计算，射中箭靶越靠中心，得的环数越高，总环数高者取得胜利。射箭射中最外面的白色环区得1分，射中内黄心得10分。如果某一箭命中位置触及两个颜色的环区或箭杆触及环线时，记为高分。如果某一箭正好射在靶面上某一箭尾上，则按已中靶箭的环值计算得分。如果某一箭射穿了靶面，或者射中靶面后反弹落地，根据该箭在靶面上留下的中靶点或未标箭孔记分。在10环圈内还有一个浅灰色的小圈称为内10环。射中内10环，在记分表上记为表示内10环的符号"X"，用以在出现平分情况下分出胜负。

射箭比赛

热点看点

射箭是讲究技巧的运动，此项运动需要高度集中力和毅力。准确性是射箭比赛最突出的特点，需要稳健的双手、强有力的臂膀、柔韧的肌肉、犀利的眼神、稳定的平衡能力和协调能力、钢铁般的意志、精确的节奏，可使观众们充分感受到射箭高手们"箭无虚发""百步穿杨"的精彩技艺。

观赛提示

(1) 观众一定要按照赛场的要求到指定的地点就座，不要到禁区，以免发生危险。

(2) 射箭比赛对运动员的心理素质有非常大的考验，运动员必须集中注意力进行比赛。运动员发箭时一定要保持赛场安静，以免影响运动员的注意力。

(3) 严禁在比赛场地内大声喧哗、打闹，手机要关机或设置在振动、静音状态。不往场内扔杂物。

Part 3

军运会项目导引

3-7

羽毛球

非军事特色项目

比赛场馆

武汉大学大学生体育活动中心

发展历程

羽毛球（Badminton）诞生于英国。1873年，英国公爵鲍弗特在格拉斯哥郡伯明顿镇的庄园里进行了一次羽毛球游戏表演。从此，羽毛球运动逐渐开展起来，"伯明顿（Badminton）"即成了羽毛球的名字。羽毛球项目于1992年的巴塞罗那奥运会被列为奥运会正式比赛项目，在本届军运会中首次列入正式比赛项目。

项目设置

羽毛球项目设置表

大 项	小 项	
	男 子	女 子
羽毛球	男子个人	女子个人
	男子双打	女子双打
	男子团体	女子团体
	混合双打	

男子团体和女子团体每个代表队限报 1 个参赛队，每个单项每个代表队限报 3 名（对）运动员，每名运动员限报 2 个项目。

比赛日程

羽毛球比赛日程表

日 期	时 间	内 容
10 月 18 日	全天	男子团体第一轮 / 女子团体第一轮
10 月 19 日	全天	男子团体第二轮 / 女子团体第二轮
10 月 20 日	全天	男子团体半决赛 / 女子团体半决赛
10 月 21 日	全天	男子团体决赛 / 女子团体决赛 / 颁奖仪式
10 月 22 日	全天	各单项比赛第一轮
10 月 23 日	全天	各单项比赛第二轮
10 月 24 日	全天	各单项比赛第三轮
10 月 25 日	全天	各单项比赛半决赛 / 附加赛
10 月 26 日	全天	各单项比赛决赛 / 颁奖仪式

备注：比赛日程根据参赛运动员数进行调整。

出行攻略

公交线路：乘坐 340、413、552、572、587、591 路到"八一路珞珈山"站下车。

地铁线路：乘坐 2 号线到"广埠屯"站（K 口）或"街道口"地铁站（C 口），再向北行 700～800 米即到。

武汉大学大学生体育活动中心路线图

项目知识

(1) 羽毛球比赛为每球得分制，三局两胜 21 分制。

(2) 发球规则。旧的羽毛球发球规则是要求发球时羽毛球高度不能过腰，新规则为发球时羽毛球与球场地面距离必须在 115 厘米内。

(3) 羽毛球的单双打共用一个场地，因此场地上有多重标线，分别标识"发球区"、"单打"和"双打"的有效分区。

PART
3

军运会项目
导引

羽毛球比赛

热点看点

羽毛球项目在本届军运会上首次被列为正式比赛项目，韩国、马来西亚、印度尼西亚、丹麦、泰国、印度等国均具有较强的实力。同时，羽毛球项目是我国的传统优势项目，是我国的夺金项目之一。比赛将非常激烈和精彩。

观赛提示

(1) 不要在观赛期间使用荧光棒，也不要使用闪光灯拍照。

(2) 比赛开始后，不能随意走动、喧哗，以免影响运动员。

(3) 观赛时注意控制情绪，文明友善，不说冒犯对方球队的话，更不要谩骂运动员、教练。

(4) 手机要关机或设置在振动、静音状态，不往场内扔杂物。

Part 3 军运会项目导引

3-8

篮球

非军事特色项目

比赛场馆

洪山体育馆（男子篮球比赛场馆）
华中科技大学光谷体育馆（女子篮球比赛馆）

发展历程

篮球（Basketball）运动起源于 1891 年，由美国体育教师詹姆士·奈史密斯博士发明。篮球运动首先从美国传入墨西哥，并很快在欧洲、亚洲等国家和地区得到普及和发展。经过一个多世纪的发展，如今已成为深受广大人民喜爱的球类运动。国际军体在 1950 年举办了第一届篮球单项赛，而且在第一届军运会就被列入正式比赛项目。

项目设置

比赛设男子、女子 2 个小项。

男子 8 支队伍，女子 6 支队伍。中国队作为东道国队自动获得资格。

男子比赛分两组，每组 4 支队伍比赛；根据国际军体比赛惯例，A 组一号种子队为中国队。

女子比赛采取单循环赛制。

比赛日程

篮球比赛日程表

日　期	时　间	内　容
10 月 19 日	全天	女子第 1～3 场
10 月 20 日	全天	女子第 4～6 场
10 月 21 日	全天	男子第 1～4 场
		女子第 7～9 场
10 月 22 日	全天	男子第 5～8 场
10 月 23 日	全天	男子第 9～12 场
		女子第 10～12 场
10 月 24 日	全天	女子第 13～15 场
10 月 25 日	全天	男子第 13 场（争夺第 7 名） 男子第 14 场（争夺第 5 名） 男子第 15 场（半决赛 1） 男子第 16 场（半决赛 2）
10 月 26 日	全天	男子第 17 场（争夺第 3 名） 男子第 18 场（决赛）/颁奖仪式 女子第 16 场（争夺第 3 名） 女子第 17 场（决赛）/颁奖仪式

与军运同行——武汉军运会观赛指南

出行攻略

● **洪山体育馆（男子篮球比赛场馆）**

公交线路：乘坐 14、530 外、572、606、729、电 7 路公交到"民主路洪山体育馆"站下车即到。乘坐 343 路公交到"体育馆路洪山广场地铁站"站下车即到。乘坐 572、587 路公交到"八一路洪山广场"站下车即到。

地铁线路：乘坐地铁 2 号线或 4 号线到"洪山广场"站下车。

● **华中科技大学光谷体育馆（女子篮球比赛场馆）**

公交线路：乘坐 18、25 路公交到"珞瑜东路叶麻店"站下车即到。

地铁线路：乘坐地铁 2 号线到"华中科技大学"站（C 出口）即到。

洪山体育馆路线图

华中科技大学光谷体育馆路线图

项目知识

篮球比赛由四节组成，每节 10 分钟。在第一节和第二节（第一半时）之间，第三节和第四节（第二半时）之间有 2 分钟的比赛休息时间；两个半时的比赛休息时间为 15 分钟。

篮球比赛以全场得分多者为胜。如果在第四节比赛时间结束时比分相等，需要增加一个或多个 5 分钟的决胜期来继续比赛，直至决出胜负。

比赛中每队的换人次数不限，但在第一半时的任何时间每队可准予暂停 2 次；在第二半时任何时间可准予暂停 3 次；每一决胜期的任何时间每队可准予暂停 1 次。

篮球比赛

热点看点

（1）篮球比赛既给予运动员个人发挥的空间，又强调集体协同配合。运动员需要运用娴熟的技战术、巧妙的配合、丰富的想象力，斗智斗勇，展现出运动员个人及球队的技术素养、战术风格、团队精神以及风度气质等。

（2）我国作为东道国，有天时、地利、人和之利，而且篮球在我国的群众基础非常好，期望能在此项目中获得好成绩。

观赛提示

（1）观赛时注意控制情绪，文明友善。

（2）比赛中为双方的精彩表现鼓掌，不要用嘘声影响比赛、打压对手。

（3）手机要关机或设置在振动、静音状态。不往场内扔杂物。

（4）在球员执行罚球时，不要使用闪光灯拍照或挥舞荧光棒。

Part 3

WUHAN 2019　军运会项目导引

3-9

拳击

非军事特色项目

比赛场馆

武汉体育学院体育馆

发展历程

　　拳击（Boxing）运动源远流长，它起源于人类在对抗自然和敌人的活动中。在古代奥运会中，拳击运动就已经是比赛项目之一，而现代拳击运动开始于英国。拳击1904年首次出现在奥运会中，后几经周折，直到1920年后，拳击在奥运会比赛项目中才被确立下来。

　　对国际军事体育理事会来说，拳击是最早列入体育竞赛项目的项目之一。1947年，在柏林举办了首届国际军事拳击锦标赛。在世界军人运动会中，拳击也是最为精彩的比赛项目之一。

项目设置

拳击项目设置表

大项	小项	
	男子	女子
拳击	男子 46～49 公斤级	女子 51 公斤级
	男子 52 公斤级	
	男子 56 公斤级	女子 57 公斤级
	男子 60 公斤级	
	男子 64 公斤级	女子 60 公斤级
	男子 69 公斤级	
	男子 75 公斤级	女子 69 公斤级
	男子 81 公斤级	
	男子 91 公斤级	女子 75 公斤级
	男子 +91 公斤级	

注：1 公斤 =1 千克。

比赛时间

拳击比赛日程表

日期	时间	内容
10月19日	全天	医疗检查、总称重、抽签、资格赛
10月20日	全天	医疗检查、日称重、资格赛
10月21日		
10月22日		
10月23日	全天	医疗检查、日称重、1/4 决赛
10月24日	全天	休息
10月25日	全天	医疗检查、日称重、半决赛
10月26日	全天	医疗检查、日称重、决赛/颁奖仪式

出行攻略

公交线路：乘坐 101、401、510、518、521 路在珞瑜路马家庄下车；乘坐公交 386、538、583 路在珞瑜路卓刀泉站下车；乘坐公交 572、596、618 路在卓刀泉南路虎泉站下车，步行至武汉体育学院。

地铁线路：乘坐地铁 2 号线，到达广埠屯站下车（F 出口），步行约 1.3 千米，到达终点。

武汉体育学院体育馆路线图

项目知识

在一场拳击比赛中，运动员被击中后，除双脚以外的身体任何部位接触地面可判为倒地。当拳击运动员受到重击后，场上裁判员必须马上中止比赛。对被击倒者数秒，从 1 数到 10，同时命令进攻者退至中立角等待。在数秒过程中，即使倒地运动员立刻站起来，也不能继续比赛，必须强制数到 8 秒后，被击倒者示意能够继续比赛时，台上裁判员才可发令继续比赛。如果任何一名运动员在一个回合内受到 3 次数 8 秒或一场比赛中受到 4 次数 8 秒，台上裁判员可以终止比赛，宣布对方获胜。

热点看点

强烈的对抗性与拳手风采将是拳击运动的最大看点。拳击运动是对运动员体能、技术、战术、心理等多项素质的综合考验，也是运动员智慧的较量，观众在现场可以看到拳手是如何斗智斗勇的。

PART
3

军运会项目
导引

拳击比赛

在第六届军运会上，中国拳击代表队获得 1 枚金牌。本届军运会，我国作为东道主，我国拳击运动员都会全力去发挥自己最好的水平，成绩值得期待。

观赛提示

(1) 比赛过程中观众不能使用闪光灯给运动员拍照。

(2) 不能向运动员挥舞和抛掷物品。

(3) 在比赛中，应该给双方运动员加油。

(4) 在一方运动员击中对手的时候，给予掌声和欢呼声。不能向失利的一方起哄或者发出嘘声、吹口哨，甚至做嘲笑的不文明手势。更不能煽动、怂恿运动员继续击打已经倒地的选手。

(5) 场馆内禁止吸烟，手机要关机或设置在振动、静音状态。

Part 3

WUHAN 2019 军运会项目导引

3-10 自行车
非军事特色项目

比赛场馆

东湖绿道公路自行车场地

发展历程

自行车（Cycling）赛是一项挑战速度与耐力的运动。1869年从巴黎到里昂的120千米自行车赛是最早的公路自行车赛，在1896年第一届奥运会上，自行车项目就被列入正式比赛项目。国际军体在1972年举办了第一届自行车单项赛，而且在第一届军运会就将自行车比赛列入正式比赛项目。

项目设置

自行车项目设置表

大 项	小 项	
	男 子	女 子
自行车	男子个人计时	女子个人计时
	男子公路个人	女子公路个人
	男子公路团体	女子公路团体

男子个人计时项目距离为 ±40 千米，女子个人计时项目距离为 ±20 千米。

男子公路项目距离为 ±120 千米，女子公路项目距离为 ±80 千米。团体赛不单独举行比赛，男子团体以代表队最好的 4 名运动员成绩累加计算，参赛运动员不足 4 人的代表队，团体成绩按实际参赛运动员成绩累加计算；女子团体以代表队最好的 2 名运动员成绩累加计算。

比赛日程

自行车比赛日程表

日 期	时 间	内 容
10 月 19 日	全天	男子个人计时 / 女子个人计时
10 月 20 日	全天	休息
10 月 21 日	全天	女子公路个人 / 女子公路团体
10 月 22 日	全天	男子公路个人 / 男子公路团体

出行攻略

公交线路：乘坐 316、392、534、545、566、734、782、810、夜 782 路到"欢乐大道欢乐谷"站下车即到。

地铁线路：乘坐地铁 4 号线到"仁和路"站（A 出口或 B 出口），再向南行 1.1 千米即到。

东湖绿道公路自行车场地路线图

项目知识

公路个人赛：比赛通常选择在路面有起伏和斜坡等各种地形变化的公路上进行。比赛时，运动员在起点线前集体出发，以运动员到达终点的顺序进行排名。

公路个人计时赛：运动员按照规定的间隔时间单独出发，以运动员到达终点的成绩优劣排名。运动员应在计时员发令后起动，此时计时开始。计时员应倒数读秒。如果运动员出发迟到了，则成绩应按其原定的出发时间算起。运动员在进行超越与被超越过程中，不得进入对手左右 2 米、前后 25 米的空间。

热点看点

(1) 公路自行车比赛为免费项目，观众可沿途观赛。

(2) 自行车比赛中的战术一般有密集队形出发、骑行中的聚焦战术、骑行中的尾随战术、终点冲刺战术，以及个人比赛中的团队配合战术等。

自行车比赛

观赛提示

(1) 公路个人计时赛运动员是间隔时间出发的，这就意味着整个赛道都会有陆续投入比赛的运动员，观众不可进入赛道。

(2) 自行车比赛开始时，运动员出发时会全神贯注地聆听起跑信号，此时应保持安静，以免干扰或影响运动员的比赛出发。

(3) 沿途观赛时，首先要选择一个安全的位置观看比赛。而且，要听从赛场人员的指挥，不要随意冲入场内或赛道。

3-11

马术

非军事特色项目

比赛场馆

武汉商学院马术场

发展历程

马术（Equestrian）运动起源于欧洲。1734年美国弗吉尼亚成立查尔列斯顿马术俱乐部，这是世界上最早的马术俱乐部。1900年在法国巴黎举行的第二届奥运会上，马术的场地障碍赛是正式比赛项目之一。国际军体在1969年举办了第一届马术单项赛，而且第一届军运会就将马术比赛列入正式比赛项目。

PART 3

军运会项目导引

马术比赛

项目设置

马术项目设置表

大 项	小 项
马术	场地障碍个人赛
	场地障碍团体赛

比赛日程

马术比赛日程表

日 期	时 间	内 容
10月19日	全天	第一轮
10月20日	全天	第二轮
10月21日	全天	第三轮（决赛）/颁奖仪式

与军运同行——武汉军运会观赛指南

出行攻略

公交线路：乘坐 205、656 路，光谷有轨电车 T1 路，或"汉阳—沌泗"线巴士到"东风大道东林村"站下车即到。

地铁线路：乘坐地铁 3 号线到"沌阳大道"站，换乘 205 路、光谷有轨电车 T1 路或"汉阳—沌泗"线巴士到"东风大道东林村"站下车即到。

武汉商学院马术场路线图

项目知识

比赛中，运动员骑马必须按规定的路线、顺序跳越水池、模拟石墙和横杆等全部障碍。超过规定时间、马匹拒跳以及运动员从马上跌落等都要罚分。罚分是负分，最好成绩为零分，罚分少者名次列前。

热点看点

(1) 马术运动的精彩之处莫过于人马的完美结合，通过骑手精湛的骑术技艺，加上马的默契配合，达到人马的统一协作。

(2) 现代马术的理念强调在爱马、尊重马、以马为友的前提下，充分调动马的积极性，发挥马的潜力，与人协调配合完成项目。因此，能让马积极服从、顺畅地完成比赛的骑手得分通常较高。骑手只能用辅助的方法控制马匹，而不许虐待及滥用马匹。

马术比赛

观赛提示

(1) 请不要在观看马术比赛时向场地内乱扔各种物品，以免打伤马匹、骑手，或使参赛马匹受到惊吓。

(2) 禁止在马术比赛现场发出刺耳的尖叫声，以免使马匹受到惊吓，影响比赛的正常进行。

(3) 观看马术比赛时不要轻易使用闪光灯进行拍照。

(4) 手机要关机或设置在振动、静音状态。

Part 3

WUHAN 2019 军运会项目导引

3-12

击剑

非军事特色项目

比赛场馆

武汉城市职业学院体育馆

发展历程

击剑（Fencing）运动源远流长，它起源于人类在对抗自然和敌人的活动中。现代击剑起源于中世纪的欧洲，是奥运会的传统项目。早期的击剑运动由于缺乏良好的护具，容易对运动员造成身体创伤，甚至死亡。自从现代击剑中采用完善的保护衣具，并采用钝的剑尖，已经降低了这项运动的危险性，并极大地促进了击剑运动在全世界传播。

对国际军事体育理事会来说，击剑项目在其创立之初就被列为比赛项目。1947 年首届国际军事体育击剑锦标赛于法国成功举办。如今，击剑以其特有的魅力吸引了越来越多人的关注。

项目设置

击剑项目设置表

大项	小项	
	男子	女子
击剑	男子重剑个人	女子重剑个人
	男子重剑团体	女子重剑团体
	男子花剑个人	女子花剑个人
	男子花剑团体	女子花剑团体
	男子佩剑个人	女子佩剑个人
	男子佩剑团体	女子佩剑团体

比赛日程

击剑比赛日程表

日期	时间	内容
10 月 19 日	全天	女子佩剑个人 / 男子花剑个人
10 月 20 日	全天	女子花剑个人 / 男子重剑个人
10 月 21 日	全天	女子重剑个人 / 男子佩剑个人
10 月 22 日	全天	女子花剑团体 / 男子重剑团体
10 月 23 日	全天	女子重剑团体 / 男子佩剑团体
10 月 24 日	全天	女子佩剑团体 / 男子花剑团体

PART 3

军运会项目导引

出行攻略

公交线路：乘坐917路在武昌大道新路村站下车；乘坐901、901区间、905、908路等公交车在文化大道新路村站下车。

地铁线路：乘坐地铁7号线到新路村站（A出口）下车，步行1.5千米。

武汉城市职业学院体育馆路线图

项目知识

击剑比赛分为个人赛、团体赛。个人赛采用小组循环制和直接淘汰制，团体赛直接采用单败淘汰赛制。直接淘汰赛的每一场比赛方法采用每盘击中15剑，比赛时间为9分钟。一名运动员击中15剑或者9分钟规定时间全部用完，击中剑数多的运动员获胜。团体赛每队4名队员，3名队员参加团体对抗，1名队员作为替补。每场3分钟打5剑，共9场。先得45分的一方获胜。

花剑：是完全的刺击武器。只有剑尖刺中才有效，剑杆横击无效。有效击中部位是躯干。花剑比赛中讲究击中优先权。

佩剑：是既劈又刺的武器。在实战中，以劈中得分为多。击中有效部位是上身、头盔及手臂。佩剑比赛也讲究击中优先权。先攻击而击中者得分。佩剑速度最快也往往耗时最短。

重剑：是完全刺击武器。只有剑尖击中有效，剑身横击无效。击中有效部位为全身，即躯干、腿脚、手臂以及头盔。

PART
3

军运会项目
导引

击剑比赛

热点看点

法国、意大利、俄罗斯等国家都是击剑强国,在历届军运会上都有金牌入账,他们以其独特的技术动作和战术风格,引领着世界击剑运动发展的潮流。我国击剑代表队在第六届军运会上斩获1枚金牌,此次本土作战,能否再续辉煌,值得我们期待。

观赛提示

当双方运动员交锋结束,裁判员下达"停"的口令时,观众应保持安静,听完裁判员的判罚之后,观众可为双方运动员鼓掌加油。当裁判员下达实战开始口令时观众应保持安静,便于运动员能听清裁判员发出的口令,以免影响比赛的正常进行。

Part 3

WUHAN 2019 军运会项目导引

3-13

足球

非军事特色项目

比赛场馆

武汉全民健身中心足球场

汉口文体中心足球场

武汉五环体育中心

发展历程

足球（Football）有"世界第一运动"的美誉。2004年初，国际足联确认足球起源于中国，"蹴鞠"是有史料记载的最早足球活动。现代足球最早出现在英格兰。1841年，英国伊顿公学第一次出现了11人制足球比赛。1863年10月26日，第一部统一的足球规则在英国产生，这一天被全世界公认为现代足球的诞生日。1908年，足球正式成为奥运会的比赛项目。1946年举办了首届世界军事体育足球锦标赛。如今，足球已经成为全世界最具影响力的单项体育运动。

项目设置

男子比赛分 3 组（每组 4 支球队）进行单循环赛，A 组 1 号种子队为东道主中国队，B 组 1 号种子队为上届国际军体男子足球世界锦标赛冠军，C 组 1 号种子队为上届国际军体男子足球世界锦标赛亚军。每组前 2 名球队和 2 支成绩最好的第 3 名球队进入前 8 名，进行 1/4 决赛、半决赛、决赛。

女子 8 支队伍，参赛国家由国际军体足球委员会确定，东道主中国队自动获得参赛资格。比赛分两组（每组 4 支球队）进行单循环赛，A 组 1 号种子队为东道主中国队，B 组 1 号种子队为上届国际军体女子足球世界锦标赛冠军，每组前 2 名进行半决赛、决赛。

比赛时间

足球比赛日程表

日 期	时 间	内 容	
		男 子	女 子
10 月 16 日	全天	第 1～6 场	
10 月 17 日	全天	休息	第 1～4 场
10 月 18 日	全天	第 7～12 场	休息
10 月 19 日	全天	休息	第 5～8 场
10 月 20 日	全天	第 13～18 场	休息
10 月 21 日	全天	休息	第 9～12 场
10 月 22 日	全天	休息	休息
10 月 23 日	全天	第 19～22 场	休息
10 月 24 日	全天	休息	第 13～14 场
10 月 25 日	全天	第 23～24 场	休息
10 月 26 日	全天	休息	第 15～16 场
10 月 27 日	全天	第 25～26 场	

出行攻略

● **武汉全民健身中心足球场**

公交线路：乘坐 321、322、346、568、620 路公交在后湖大道体育中心站下车；乘坐 289、290、322、35、364 路在塔子湖东路余家墩站下车。

地铁线路：乘坐地铁 8 号线到中一路站下车（D 出口）。

● **汉口文体中心**

公交线路：乘坐 9、294、507、527、535、561、575、601、604、605、705、803、812 路公交到在新华路北湖公交站下车。

地铁线路：乘坐地铁 3 号线在菱角湖站下车（A 出口）、乘坐地铁 7 号线在取水楼站下车（D1 出口）、乘坐地铁 6 号线在三眼桥站下车（D 出口）。

● **武汉五环体育中心**

地铁线路：乘坐地铁 1 号线到"码头潭公园"站（D 出口），再向东 800 米即到。

武汉全民健身中心足球场路线图

汉口文体中心足球场路线图

武汉五环体育中心路线图

项目知识

足球比赛场地必须是长方形，边线的长度必须长于球门线的长度。国际比赛场地长为 100～110 米，宽为 64～75 米，被中线划分为两个半场。场地中央有一半径为 9.15 米的圆，用于比赛开球。比赛时分成两队，每队为 11 人，其中一名队员为守门员。小组赛结束后进入淘汰赛阶段，比赛双方如果在 90 分钟的常规比赛时间中战成平局,将先进行加时赛,若仍为平局,则互射点球制胜。

热点看点

足球项目是军运会的热点项目之一,本届军运会将产生男、女冠军球队各1支。俄罗斯、巴西、德国在历届军运会中都表现较好。本届军运会,我国作为东道主身份参加比赛,我们足球运动员的表现值得期待。

观赛提示

(1) 文明观赛,平和待成败,宽容看比赛;尊重比赛裁判员、教练员、运动员,不随意向场地内乱扔杂物。

(2) 在出入口处或人群密集处看球,极容易出现意外,务必关注自身安全。

(3) 足球赛场的成绩以及精彩的比赛画面会在屏幕上显示,可方便您更好地欣赏比赛。

足球比赛

与军运同行——武汉军运会观赛指南

Part 3

WUHAN 2019　军运会项目导引

3-14

高尔夫球

非军事特色项目

比赛场馆

天外天高尔夫球场

驿山高尔夫球场

发展历程

　　高尔夫球（Golf）普遍被视为苏格兰人的发明，当今的高尔夫球 18 洞制亦由苏格兰制定。个人或团体球员以不同的高尔夫球杆将一颗小球打进果岭的洞内。大部分的比赛有 18 洞，杆数最少的为优胜者。国际军体在 2003 年举办了第一届高尔夫单项赛，在第六届军运会上首次将其列为正式比赛项目。

项目设置

高尔夫球项目设置表

大 项	小 项	
	男 子	女 子
高尔夫球	男子个人	女子个人
	男子团体	女子团体

比赛采取 4 轮（72 洞）比杆赛。

比赛日程

高尔夫球比赛日程表

日 期	时 间	内 容
10 月 20 日	全 天	第 1 轮
10 月 21 日	全 天	第 2 轮
10 月 22 日	全 天	第 3 轮
10 月 23 日	全 天	第 4 轮（决赛）/ 颁奖仪式

出行攻略

● 天外天高尔夫球场（男子高尔夫球比赛场馆）

公交线路：乘坐 272 路到"现代天外天小镇"站下车即到。

地铁线路：乘坐地铁 3 号线到"沌阳大道"站，换乘 272 路到"现代天外天小镇"站下车即到。

天外天高尔夫球场路线图

● 驿山高尔夫球场（女子高尔夫球比赛场馆）

公交线路：乘坐 101 路到"九峰一路光谷之星"站下车即到。

地铁线路：乘坐地铁 11 号线到"豹澥"站（D 出口），再向北行 850 米即到。

驿山高尔夫球场路线图

项目知识

1. 高尔夫球场

高尔夫球场是由许多的球洞组成，每一个球洞都有发球台，发球台前会有 2 个标志说明发球台的范围，此外还有球道、长草、其他障碍、在球洞附近的果岭、球洞及标示球洞位置的旗子。

标准的高尔夫球场会有 18 个球洞，不过也常见 9 个球洞的球场，18 个球洞可以用 9 个球洞重复二次来达到。

2. 得分

球洞会依标准杆来分类，标准杆是指球员根据设计应当完成的杆数。杆数中一定会包括发球的一杆及 2 个推杆，因此标准杆至少是 3 杆，但标准杆是 4 杆或 5 杆的球洞也很常见，甚至也有标准杆是 6 杆或 7 杆的球洞。发球以外的击球以及推杆一般会在球道进行。若是击球让球上果岭后，还留有 2 次推杆机会可以使球进洞，则称为标准杆上果岭（green in regulation），简称 GIR。

高尔夫球项目知识表

计分	术语	定义
－4	Condor 或 Triple eagle（三鹰）	少标准杆数四杆
－3	Albatross 或 Golden eagle 或 Double eagle（双鹰）	少标准杆数三杆
－2	Eagle（老鹰）	少标准杆数两杆
－1	Birdie（小鸟）	少标准杆数一杆
E	Par（标准杆）	平标准杆数
＋1	Bogey（柏忌）	多标准杆数一杆
＋2	Double Bogey（双柏忌）	多标准杆数两杆
＋3	Triple Bogey（三柏忌）	多标准杆数三杆
＋4	Quadruple Bogey（四柏忌）	多标准杆数四杆

高尔夫球比赛

热点看点

(1) 高尔夫球项目注重技巧。该项目拼体力，更拼脑力。每个比赛球场的地形都不一样，而且光线、风向也存在差异。要在比赛中处理好每个球，都需要反复谋划与计算，并做出完美的击打。

(2) 高尔夫球项目大多是在没有裁判员监督的情形下进行的，这需要每个运动员自觉遵守规则。不论对抗多么激烈，所有运动员都应当自觉约束自己的行为，在任何时候都表现出礼貌谦让和良好的体育精神。

观赛提示

(1) 当运动员正准备击球和挥杆的时候一定要保持肃静，即使运动员完成了击球也不要发出噪声。

(2) 当球员在做出击球准备或者击球的时候，不要随意走动。在你要走动之前一定要仔细观察一下周围的环境。

(3) 球场上有观赛区和观赛道，都会用一些绳子来隔开，观众不要进入绳子里的区域。

(4) 严禁在比赛场地内大声喧哗、打闹，手机要关机或设置在振动、静音状态。

与军运同行——武汉军运会观赛指南

Part 3

WUHAN 2019 军运会项目导引

3-15

柔道

非军事特色项目

比赛场馆

武汉理工大学体育馆

发展历程

　　柔道（Judo）起源于日本古代柔术。1882年，被誉为"柔道之父"的日本东京帝国大学学生嘉纳治五郎综合当时流行的各派柔术的精华，创立了以投技、固技、当身技为主的现代柔道，同时创建了训练柔道运动员的讲道馆。国际军体在1966年举办了第一届柔道单项赛，而且在第一届军运会就将柔道列入了正式比赛项目。

项目设置

柔道项目设置表

大 项	小 项	
	男 子	女 子
柔道	男子 60 公斤级	女子 48 公斤级
	男子 66 公斤级	女子 52 公斤级
	男子 73 公斤级	女子 57 公斤级
	男子 81 公斤级	女子 63 公斤级
	男子 90 公斤级	女子 70 公斤级
	男子 100 公斤级	女 78 公斤级
	男子 +100 公斤级	女子 +78 公斤级
	男子团体	女子团体

个人赛每个小项，各代表队只允许报 1 名运动员参赛。

团体赛，各代表队最多由 9 名运动员（包括 5 名正式队员和 4 名候补队员）、最少 5 名运动员组成。

比赛日程

柔道比赛日程表

日 期	时 间	内 容
10 月 19 日	全 天	称重、团体赛 / 颁奖仪式
10 月 20 日	全 天	休息
10 月 21 日	全 天	称重、个人赛 / 颁奖仪式
10 月 22 日	全 天	称重、个人赛 / 颁奖仪式

出行攻略

公交线路：乘坐 804 路到"文治街丁字桥南路"站下车即到。

地铁线路：乘坐地铁 7 号线到"建安街"站（D 出口），再沿建安街向东行 1.3 千米即到。

武汉理工大学体育馆路线图

项目知识

柔道通过把对手制服而赢得比赛，是一种对抗性很强的竞技运动。柔道比赛按体重分级别，强调运动员对技巧掌握的娴熟程度与应变能力。比赛中允许使用窒息或扭脱关节等手段来制服对手。

(1) 技术动作的评定标准。比赛过程中，根据运动员使用的技术，按其质量和效果评为 4 种分数：一本、技有、有效、效果。

(2) 胜负的评定标准。一场比赛中运动员获得"一本"后，该场比赛即可结束；获得"一本"的运动员获得本场比赛胜利。一场比赛中没有出现"一本"胜利时，在规定的比赛时间内，则按"技有""有效""效果"的多少评定胜负。但是一个"技有"胜过所有的"有效"和"效果"。一个"有效"胜过所有的"效果"。如果双方得分相等，则进行加时赛，加时赛中先得分者获得该场比赛胜利。加时赛结束后，如果双方得分还没有改变，则由主场上 3 名裁判员经过商议后，举旗决定胜负。

(3) 禁止事项。禁止击打对方，不许用头、肘、膝顶撞对方。除肘关节外，不许对其他关节使用反关节动作；不许抓头发和生殖器；禁止使用任何可能伤害对方颈椎或脊椎的动作。运动员所有的犯规行为都要受到相应的处罚，直至取消比赛资格。

PART
3

军运会项目
导引

柔道比赛

热点看点

(1) 柔道比赛是一项以"柔能克刚"和"善用精力"为宗旨的运动，比赛中常可看到漂亮的招式和华丽的技巧。它不是一种蛮力的对抗，而是技巧的较量。

(2) 在第六届军运会中，我国运动员李扬获得柔道女子 78 千克级的金牌。在本届军运会上，我国将继续向金牌发起猛烈的冲击。

观赛提示

(1) 比赛中出现运动员做出一些精彩的动作而裁判却没有直接给他加分的情况时，请不要起哄对判决表示质疑。比赛现场以裁判的判罚为准，因为柔道比赛对得分的有效部位和有效时间都有明确的规定。

(2) 了解柔道比赛规则，选择恰当时机给予运动员鼓励、喝彩和掌声。

(3) 手机要关机或设置在振动、静音状态。不往场内扔杂物。

2019

与军运同行——武汉军运会观赛指南

Part 3

WUHAN 2019 军运会项目导引

3-16

现代五项

非军事特色项目

比赛场馆

武汉商学院体育馆
武汉商学院马术场
武汉商学院游泳馆

发展历程

现代五项（Modern Pentathlon）运动是根据古希腊战争中的一个传说演变和发展而来，由"现代奥林匹克之父"法国人顾拜旦发起创立。1912 年，在瑞典的斯德哥尔摩奥运会上，现代五项被作为唯一的军事项目列入奥运会比赛，但仅限军队中的军官参加。1949 年,国际奥委会取消了这一限制。国际军体在 1963 年举办了第一届现代五项单项赛,而且在第一届军运会就将其列入正式比赛项目。

项目设置

现代五项项目设置表

大 项	小 项	
	男 子	女 子
现代五项	男子个人	女子个人
	男子团体	女子团体
	混合接力	

混合接力赛如果少于 8 个参赛队,竞赛组织将进行适当调整。

比赛日程

现代五项比赛日程表

日 期	时 间	内 容
10 月 22 日	全天	女子资格赛
10 月 23 日	全天	男子资格赛
10 月 24 日	全天	女子个人决赛 / 女子团体决赛
10 月 25 日	全天	男子个人决赛 / 男子团体决赛
10 月 26 日	全天	混合接力决赛

出行攻略

公交线路： 乘坐 205、656 路，光谷有轨电车 T1 路，或"汉阳—消泗"线巴士到"东风大道东林村"站下车即到。

地铁线路： 乘坐地铁 3 号线到"沌阳大道"站，换乘 205 路、车都有轨电车 T1 路或"汉阳—消泗"线巴士到"东风大道东林村"即到。

武汉商学院体育馆路线图

项目知识

现代五项包括游泳、击剑、马术和跑射联项（跑步和射击）。

游泳： 运动员进行 200 米自由泳，以 2 分 30 秒为标准的基本分值，按照 1 秒钟 2 分的标准对运动员进行分数的加减。

击剑： 使用重剑，采取单循环赛。每场比赛在 1 分钟内结束，一剑定胜负。如果在规定时间内未决出胜负则判双方均负。胜场占所有场数的 70% 等于 250 分。

马术： 为场地障碍赛，运动员骑马在 450 米的规定路线上越过 15 道按照顺序设置的障碍。根据当天场地条件情况规定比赛用时，在规定时间内跑完即可获得最高分 300 分，如超时、碰落障碍、马匹拒跳、骑手落马等均判犯规罚分。

跑射联项(跑步和射击)： 运动员需要完成 4 个 800 米，中间包括 4 组激光枪（或气手枪）射击，每组射击共计 5 发，5 发全部命中方可继续进行比赛，射击时限为 50 秒。跑步出发顺序由击剑、游泳和马术的成绩排名决定，以成绩领先者出发，后续运动员出发顺序以其与领先者的分差，按照 1 分 1 秒的规定往后进行顺延，最后以跑射联项的完赛顺序决定最终名次。

热点看点

尽管我国在现代五项上起步比较晚，但我国现代五项的实力在不断增强。在

现代五项比赛

第六届军运会的现代五项决赛中，我国代表队在王诗淇不幸受伤的情况下，王炜、叶奥楠、王馨瑶三位运动员奋力拼搏，以总分 3926 分、领先俄罗斯队 54 分的成绩，夺得该项目女子团体赛的冠军。王炜以 1333 分摘得个人项目的铜牌。

随着水平的继续提高，中国运动员将是本届军运会现代五项奖牌的有力竞争者。

观赛提示

(1) 在观看馆内比赛时，手机要关机或设置在振动、静音状态。禁止吸烟，也不能发出刺耳的叫喊。观看馆外比赛时，不要有干扰比赛进行的行为。

(2) 请不要在观看马术比赛时向场地内乱扔各种物品，以免打伤马匹、骑手，或使参赛马匹受到惊吓。

(3) 在观看马术比赛时，必须保持安静，不能摇摆各种旗帜和饰物，也不要轻易使用闪光灯进行拍照。

Part 3 军运会项目导引

3-17

帆船

非军事特色项目

比赛场馆

东湖帆船及公开水域场地

发展历程

　　帆船（Sailing）运动起源于荷兰。古代的荷兰地势很低，所以开凿了很多运河，荷兰人普遍使用小帆船运输或捕鱼。国际军体在1949年举办了第一届帆船单项赛，在第三届军运会将帆船项目列入正式比赛项目。

帆船比赛

项目设置

比赛设女子 470 级、男女混合 470 级，共 2 个小项。

比赛日程

日　期	时　间	内　容
10 月 18 日	全天	船长会议 / 比赛
10 月 19 日	全天	船长会议 / 比赛
10 月 20 日	全天	船长会议 / 比赛
10 月 21 日	全天	船长会议 / 比赛
10 月 22 日	全天	机动

出行攻略

公交线路：乘坐411、573、578、601、605路到"二环线梨园"站下车，再进入东湖风景区步行约4千米即到。

地铁线路：乘坐地铁8号线到"梨园"站（B出口）或（C出口），再进入东湖风景区步行约4千米即到。

东湖帆船及公开水域场地路线图

项目知识

470级帆船是全长为4.7米的一种统一设计的双人竞赛帆船，船帆标志"470"。船宽1.68米，重115千克，帆面的面积13.28平方米。

帆船比赛的信息交流方式是展示"信号"，包括视觉信号（国际航海通用代码旗）和听觉信号两种，而以视觉信号为主。竞赛规则中规定了比赛进程中各种信号和避让规则，以免碰撞和发生事故，以确保"公平航行"。

帆船比赛受风向和速度的影响，比赛当天会调整航向和距离。风、潮汐和海浪直接影响比赛结果，因此是在多次比赛后才确定名次。而且，帆船比赛没有绝对的世界纪录，只有最好成绩。

热点看点

(1) 一般帆船比赛是要开阔的海面上进行，但本次比赛是设置在内陆湖——武汉东湖。届时，林立的桅帆在阳光的映照下，会让眼前的风景更加生动，而运动员驭风破浪的矫健身姿也会给人运动之美的愉悦享受。

(2) 帆船比赛经常在强风中进行，既要保持航向和把握航速，又要避免翻船，保持船的平衡。同时，也要掌握周围的环境、水的流速、流向和气流变化。

观赛提示

(1) 帆船比赛易受水文、气象等客观因素的影响，风力小于 2.5 米 / 秒，或大于 18 米 / 秒，都不适合比赛。如果风力不足可能会使得比赛延迟、延期。

(2) 重在感受军运会帆船比赛的氛围。一般帆船比赛离陆地会有一段距离，观众在岸上很难看清比赛或比赛的全过程，一般只能在特定的时间段欣赏到帆船出海和返航。因此，参观以感受比赛氛围、分享军运情怀为主。

(3) 安全第一。东湖帆船比赛场地的观众区环湖，存在一定的安全隐患。组委会将设置软硬隔离设施和标识牌，引导并提醒安全观赛，切勿攀爬危险地带或超越警戒线。

帆船比赛

与军运同行——武汉军运会观赛指南

Part 3

WUHAN 2019 军运会项目导引

3-18

射击

非军事特色项目

比赛场馆

蔡甸国防园射击馆

发展历程

射击（Shooting）运动起源于狩猎和军事活动。15 世纪，瑞士就曾经举办过火绳枪射击比赛。1896 年之前，欧洲不少国家已经成立了射击协会等组织，并相继举办过射击比赛。在 1896 年第一届奥运会上，射击成为正式比赛项目。1957 年，国际军体举办了首届世界军事体育射击锦标赛。

项目设置

射击项目设置表

大 项	小 项	
	男 子	女 子
射击	男子手枪 25 米个人	女子手枪 25 米个人
	男子手枪 25 米团体	女子手枪 25 米团体
	男子手枪 25 米军事速射个人	女子手枪 25 米军事速射个人
	男子手枪 25 米军事速射团体	女子手枪 25 米军事速射团体
	男子飞碟多向个人	女子飞碟多向个人
	男子飞碟多向团体	女子飞碟多向团体
	男子飞碟双向个人	女子飞碟双向个人
	男子飞碟双向团体	女子飞碟双向团体
	男子步枪 300 米标准三姿个人	女子步枪 50 米卧射个人
	男子步枪 300 米标准三姿团体	女子步枪 50 米卧射团体
	男子步枪 300 米速射个人	女子步枪 50 米三姿个人
	男子步枪 300 米速射团体	女子步枪 50 米三姿团体

比赛时间

射击比赛日程表

日 期	时 间	内 容
10 月 19 日	全天	比赛
10 月 20 日	全天	比赛
10 月 21 日	全天	比赛
10 月 22 日	全天	比赛
10 月 23 日	全天	比赛
10 月 24 日	全天	比赛

出行攻略

地铁线路：乘坐地铁 4 号线到黄金口站下车（B 出口），之后换乘 270 路到朱家山站下车；乘坐地铁 3 号线到"沌阳大道"站，再转乘有轨电车 T1 路。

蔡甸国防园射击馆（飞碟射击靶场）路线图

项目知识

射击比赛包括手枪项目、步枪项目和飞碟比赛项目。射击比赛的规则因分项、射程、射击位置、子弹的数量、发射规定时间、靶子和枪的种类不同而不同。在成绩相同的情况下，采用专门规则来决定胜负。

每个小项的比赛都包括资格赛和决赛。资格赛成绩最好的前 8 名运动员进入决赛，最终的名次是按资格赛和决赛的成绩总分来确定。如果出现同分，则同分射手通过单发比赛，决出最终的胜负。

热点看点

中国、美国、俄罗斯、德国等国家一直是射击项目上的金牌大户，澳大

射击比赛

利亚、瑞典等也实力不俗。第六届军运会中国代表队在射击项目上获得 3 枚金牌，第七届军运会我国第一枚金牌很可能从射击比赛中诞生。谁会拿到这块金牌，让我们拭目以待！

观赛提示

(1) 观看比赛时一定要把手机调成静音状态。观众可以通过大屏幕来观看运动员的成绩。在运动员发射时一定要保持赛场安静，以免影响运动员的注意力。在宣布成绩时，观众应对运动员取得的优异成绩报以热烈的掌声。

(2) 不要使用闪光的摄影设备。

(3) 射击比赛存在着一定的危险性，一定按要求就座。

与军运同行——武汉军运会观赛指南

Part 3

WUHAN 2019 军运会项目导引

3-19

游泳

非军事特色项目

比赛场馆

武汉体育中心游泳馆
东湖帆船及公开水域场地
武汉五环体育中心游泳馆

发展历程

　　游泳（Swimming）是人类的一项生存技能，其历史伴随人类社会的发展。竞技游泳源于英国及澳大利亚，后来传入其他国家。19 世纪中期至 20 世纪初，世界各国的游泳比赛开始普遍起来。游泳运动对人的体能和意志品质有着积极的作用，因而一直被认为是非常实用和重要的军事竞技运动。游泳运动于 1896 年进入现代奥运会，1946 年第一届世界军事体育游泳和救生锦标赛举行。在历届军运会上，游泳项目一直都是最精彩的项目之一。

项目设置

游泳项目设置表

大 项	分 项	小 项	
		男 子	女 子
游泳	游泳	男子自由泳 50 米	女子自由泳 50 米
		男子自由泳 100 米	女子自由泳 100 米
		男子自由泳 200 米	女子自由泳 200 米
		男子自由泳 400 米	女子自由泳 400 米
		男子自由泳 800 米	女子自由泳 800 米
		男子自由泳 1500 米	女子自由泳 1500 米
		男子自由泳 4100 米接力	女子自由泳 4100 米接力
		男子自由泳 4200 米接力	女子自由泳 4200 米接力
		男子蝶泳 50 米	女子蝶泳 50 米
		男子蝶泳 100 米	女子蝶泳 100 米
		男子蝶泳 200 米	女子蝶泳 200 米
		男子蛙泳 100 米	女子蛙泳 100 米
		男子蛙泳 200 米	女子蛙泳 200 米
		男子仰泳 50 米	女子仰泳 50 米
		男子仰泳 100 米	女子仰泳 100 米
		男子仰泳 200 米	女子仰泳 200 米
		男子混合泳 200 米	女子混合泳 200 米
		男子混合泳 400 米	女子混合泳 400 米
		男子混合泳 4×100 米接力	女子混合泳 4×100 米接力
		男女混合自由泳 4×100 米接力	
		男女混合泳 4×100 米接力	

续表

大项	分项	小项	
		男子	女子
游泳	公开水域游泳	男子 5 千米	女子 5 千米
		男子 10 千米	女子 10 千米
		男女混合团体	
	跳水	男子团体	女子团体
		男子 1 米跳板	女子 1 米跳板
		男子 3 米跳板	女子 3 米跳板
		男子 10 米跳台	女子 10 米跳台
		男子双人 3 米跳板	女子双人 3 米跳板
		男子双人 10 米跳台	女子双人 10 米跳台
	水上救生（只设泳池救生项目）	男子 50 米假人救生	女子 50 米假人救生
		男子 100 米脚蹼假人救生	女子 100 米脚蹼假人救生
		男子 100 米浮标救生	女子 100 米浮标救生
		男子 100 米混合救生	女子 100 米混合救生
		男子 200 米障碍游泳	女子 200 米障碍游泳
		男子 200 米超级救生	女子 200 米超级救生
		男子 4×25 米运送假人接力	女子 4×25 米运送假人接力
		男子 4×50 米混合救生接力	女子 4×50 米混合救生接力
		男子 4×50 米障碍游泳接力	女子 4×50 米障碍游泳接力

● 游泳：个人项目最多报 2 名运动员参赛，接力项目最多报 1 支队伍参赛，混合接力由男、女运动员各 2 名组成。

● 水上救生：个人项目每个代表队最多报 2 名运动员参赛，接力项目每个代表队限报 1 支队伍参赛。

比赛时间

游泳比赛日程表

项　目	日　期	时　间	内　容
游泳	10月19日	上午	资格赛
		晚上	决赛/颁奖仪式
	10月20日	上午	资格赛
		晚上	决赛/颁奖仪式
	10月21日	上午	资格赛
		晚上	决赛/颁奖仪式
	10月22日	上午	资格赛
		晚上	决赛/颁奖仪式
	10月23日	上午	资格赛
		晚上	决赛/颁奖仪式
公开水域游泳	10月23日	全天	比赛/颁奖仪式
	10月24日	全天	休息
	10月25日	全天	比赛/颁奖仪式
	10月26日	全天	休息
	10月27日	全天	比赛/颁奖仪式
跳水	10月24日	全天	比赛
	10月25日	全天	比赛
	10月26日	全天	比赛
	10月27日	全天	比赛
水上救生	10月20日	上午	预赛
		晚上	决赛/颁奖仪式
	10月21日	上午	预赛
		晚上	决赛/颁奖仪式
	10月22日	上午	预赛
		晚上	决赛/颁奖仪式

备注：比赛日根据实际参赛人数进行调整。

PART 3

军运会项目导引

出行攻略

● **武汉体育中心游泳馆**

公交线路：乘坐 K01、K02 路在太子湖万达广场站下车，K03 路在体育路下车，769、K769、760、395 路在太子湖路体育中心北门下车，205、213、261、272、351 路到沌口体育中心停车场站下车。

地铁线路：乘坐地铁 3 号线在武汉体育中心站（A 出口）下车。

● **东湖帆船及公开水域场地**

公交线路：可乘坐 402、552、573、601、605、709、712、810、电 8 路在徐东大街地铁梨园站下车；乘坐 402、411、552、578、709、712、810 路在东湖路知音传媒站下车；乘坐电 8 路在梨园广场站下车。

地铁线路：乘坐地铁 4 号线在铁机路站（B 出口）下车。

● **武汉五环体育中心游泳馆**

地铁线路：乘坐地铁 1 号线到"码头潭公园"站（D 出口），再向东 800 米即到。

武汉体育中心游泳馆路线图　　东湖帆船及公开水域场地路线图　　武汉五环体育中心游泳馆路线图

项目知识

游泳项目是在室内游泳池中进行，包括自由泳、仰泳、蛙泳、蝶泳四种泳姿。自由泳俗称"爬泳"，是竞技游泳中速度最快的泳姿；仰泳俗称"背泳"，是一种人体仰卧在水中的游泳姿势；蛙泳是一种古老的泳姿，因模仿青蛙游水动作而取名；蝶泳身体俯卧于水面，划水结束后两臂从空中向前摆进，好像蝴蝶展翅的样子而得名。

公开水域游泳项目是指在江、河、湖、海等自然水域举行的比赛，其中距

游泳比赛

离不超过10千米的比赛称为长距离游泳赛,超过10千米的称为马拉松游泳赛。

跳水项目有跳台跳水和跳板跳水之分,按照起跳动作的方向和结构,可分为向前、向后、反身、转体、臂力六组(跳板跳水不用臂力)。比赛时运动员要完成规定动作和自选动作,最后以两种动作的总分决定名次。

水上救生项目是近几十年来基于实战应用而兴起的体育运动。水上救生包括静水救生和海浪救生。

热点看点

俄罗斯和巴西等国家一直是游泳项目上的金牌大户。美国、澳大利亚、瑞典等也实力不俗,中国在这一项目上的优势也正在凸显。在第六届军运会中,中国军团在游泳项目上斩获11枚金牌,荣获佳绩。希望在本届军运会中,作为东道主创造更好成绩。

观赛提示

(1) 考虑到运动员的运动成绩,场馆游泳池的水温要控制在28℃,请观众穿着适当的衣物;游泳馆内严禁吸烟,防止烟气融入水中被运动员吸入体内。

2. 观赛时,不可使用闪光灯,以免刺激运动员特别是仰泳运动员的眼睛。

3. 裁判员发令时,不可鼓掌欢呼或发出噪声,以便运动员听清发令声。

Part 3 军运会项目导引

3-20

乒乓球
非军事特色项目

比赛场馆

武汉五环体育中心体育馆

发展历程

乒乓球（Table Tennis）于19世纪末起源于英国，由网球运动派生而来，其英文名称即为"桌上网球（Table Tennis）"之意。到1900年左右，出现了赛璐珞制的球，由于球与拍撞击发出"乒"而落台时发出"乓"的声音，故而又称"乒乓球"。乒乓球项目在本届军运会中首次列入正式比赛项目。

项目设置

乒乓球项目设置表

大 项	小 项	
	男 子	女 子
乒乓球	男子单打	女子单打
	男子双打	女子双打
	男子团体	女子团体
	混合双打	

比赛日程

乒乓球比赛日程表

日 期	时 间	内 容
10月19日	上午	女团第1轮 / 男团第1轮
	下午	女团第2轮
	晚上	男团第2轮
10月20日	上午	女团第3轮 / 男团第3轮
	下午	女团1/4决赛
	晚上	男团1/4决赛
10月21日	上午	女团半决赛 / 附加赛
	下午	男团半决赛 / 附加赛
10月22日	上午	男团第三、四名决赛 / 女团第三、四名决赛
	下午	女团决赛 / 颁奖仪式
	晚上	男团决赛 / 颁奖仪式
10月23日	上午	混双第1~3轮 / 男单第1轮
	下午	混双1/4决赛 / 女单第1轮 / 混双半决赛
	晚上	男单第2轮 / 混双第三、四名决赛 / 混双决赛 / 颁奖仪式
10月24日	上午	女单第2~3轮 / 男双第1~2轮
	下午	女双第1~2轮 / 男单第3~4轮
	晚上	女单1/4决赛 / 男双第3轮、1/4决赛
10月25日	上午	男单1/4决赛 / 女双第3轮、1/4决赛
	下午	女单半决赛 / 第三、四名决赛男双半决赛 / 第三、四名决赛
	晚上	女单决赛 / 颁奖仪式 / 男双决赛 / 颁奖仪式
10月26日	上午	女双半决赛 / 第三、四名决赛男单半决赛 / 第三、四名决赛
	晚上	女双决赛 / 颁奖仪式男单决赛 / 颁奖仪式

出行攻略

地铁线路：乘坐地铁 1 号线到"码头潭公园"站（D 出口），再向东 800 米即到。

武汉五环体育中心体育馆路线图

项目知识

乒乓球规格：乒乓球直径 40.0～40.6 毫米（40+），球重 2.7 克，塑料材质（以前为赛璐珞），呈白色或橙色，且无光泽。

发球：发球开始时，球自然置于不持拍手的手掌上，手掌张开，保持静止。发球时须用手将球几乎垂直地向上抛起，不得使球旋转，并使球在离开不持拍手的手掌之后上升不少于 15 厘米，球下降到被击出前不能碰到任何物体。当球从抛起的最高点下降时，方可击球，使球先触及本方台区，然后越过或绕过球网装置，再触及接发球员的台区。双打中，球应先后触及发球员和接发球员的右半区。

次序和方位：在获得 2 分后，接发球方变为发球方，依此类推，直到该局比赛结束。当双方比分战至 10∶10 时，或采用轮换发球法时，发球和接发球次序不变，但每人只轮发 1 球。双打中，每次换发球时，前面的接发球员应成为发球员。在一局比赛中首先发球的一方，在该场比赛的下一局中应首先接发球；在双打比赛的决胜局中，当一方先得 5 分后，接发球一方必须交换接发球次序。

间歇：局与局之间，有不超过 1 分钟的休息时间。在一场比赛中，双方各有 1 次不超过 1 分钟的暂停。每局比赛中每得 5 分后，或决胜局交换方位时，可以有短暂的时间擦汗。

PART 3

军运会项目导引

乒乓球比赛

热点看点

乒乓球因其球体小、速度快、变化多、趣味性强，观众可以欣赏到相互较量时的智慧之美。乒乓球项目是我国的优势项目，也是在本届军运会上首次成为正式比赛项目。虽然我国实力较为强劲，但由于比赛规则在不断变化，要获胜还存在相当的不确定性。我国乒乓球运动员是否能再创辉煌，将是本届军运会的一大看点。

观赛提示

(1) 从运动员准备发球开始到这个球成为死球的这一段时间内，整个赛场要保持安静。在一个回合结束后，可以为运动员加油助威，但声音不要过大，语言也不要过激。

(2) 入场前请关闭照相机闪光灯或手机照相中的闪光功能。

3-21

跆拳道

非军事特色项目

比赛场馆

武汉体育馆

发展历程

  跆拳道（Taekwondo）起源于朝鲜半岛，距今已有 2000 多年历史。1955 年韩国将徒手搏击的各种武技流派统一命名为跆拳道。国际军体在 1980 年举办了第一届跆拳道单项赛，而且在第二届军运会列入正式比赛项目。

项目设置

跆拳道项目设置表

大 项	小 项	
	男 子	女 子
跆拳道	男子 54 公斤级	女子 46 公斤级
	男子 58 公斤级	女子 49 公斤级
	男子 63 公斤级	女子 53 公斤级
	男子 68 公斤级	女子 57 公斤级
	男子 74 公斤级	女子 62 公斤级
	男子 80 公斤级	女子 67 公斤级
	男子 87 公斤级	女子 73 公斤级
	男子 +87 公斤级	女子 +73 公斤级

比赛日程

跆拳道比赛日程表

日 期	时 间	内 容
10 月 23 日	全天	比赛、称重
10 月 24 日	全天	比赛、称重
10 月 25 日	全天	比赛、称重
10 月 26 日	全天	比赛

武汉体育馆路线图

出行攻略

公交线路：乘坐 1、208、259、411、505、508、523、549、615、621、701 路；712、720、夜 649、电 5 路到"解放大道同济医院"站下车即到。

地铁线路：乘坐 1 号线到"崇仁路"站（D 口），再向北行 250 米即到。

项目知识

跆拳道比赛采用三回合制，每个回合 2 分钟，回合之间休息 1 分钟。

允许攻击的部位：跆拳道竞赛规则允许攻击的部位只有两个，一是头部，二是躯干。在对抗中，允许使用拳和脚的技术攻击躯干被护具包裹的部分，但禁止攻击后背脊柱。允许使用脚的技术攻击对手头部，但不能攻击对手的后脑部位，同时禁止用拳击打头部。运动员可以使用拳的技术击打被护胸包裹的躯干的前面和侧面部位。

得分：在比赛中，运动员用脚有一定力度的踢击对手躯干部位一次只得 1 分，用脚击打对手头部则可以得 2 分；如果击倒对手，裁判员读秒后再加 1 分。比赛由 1 名主裁判员在场上，其他 4 名裁判员根据运动员的技术使用情况负责评判并打分。

跆拳道比赛

热点看点

我国军运代表团在第六届军运会获得了 4 金 3 银 2 铜的优秀成绩。其中,运动员黄建男在男子 74 公斤级半决赛和决赛中,肩关节两次脱臼,现场治疗、继续战斗,最终为中国队捧回跆拳道男子项目的首个冠军。

在本次军运会上,跆拳道项目是我国的夺金热点。

观赛提示

(1) 跆拳道有较为规范的礼仪要求。运动员入场时,要向裁判敬礼,向教练敬礼,向对手敬礼,有时运动员还会向观众敬礼以示尊重,此时观众应给予掌声回应。

(2) 如何判断得分:在比赛中,判断一名运动员是否得分,关键要看运动员的技术是否准确、被允许、有力及有效。判断一方运动员是否得分,可以看双方运动员的进攻和反击时的动作,并随时看计分板。

(3) 手机要关机或设置在振动、静音状态。不往场内扔杂物。

与军运同行——武汉军运会观赛指南

Part 3

WUHAN 2019 军运会项目导引

3-22

田径
非军事特色项目

比赛场馆

武汉五环体育中心体育场

东湖绿道马拉松及公路自行车场地

发展历程

　　田径（Track&Field）运动是伴随人类长期社会实践发展起来的。在上古时代，人们为了获得生活资料，在与大自然及禽兽的斗争中，逐渐形成了走、跑、跳跃和投掷的各种技能。公元前776年，田径运动成为古代奥运会的正式比赛项目。1946年，第一届世界军事体育田径锦标赛举办。在已举行过的各届军运会上，田径运动都是最精彩的项目之一。

项目设置

田径项目设置表

项　目		男　子	女　子
径赛		100 米、200 米	100 米、200 米
		400 米、800 米	400 米、800 米
		1500 米、5000 米	1500 米、5000 米
		10000 米	10000 米
		110 米栏、400 米栏	110 米栏、400 米栏
		3000 米障碍跑	3000 米障碍跑（新增）
		4×100 米接力	4×100 米接力
		4×400 米接力	4×400 米接力
		20 千米竞走	20 千米竞走
		50 千米竞走	
		马拉松	马拉松
田赛		跳高、撑竿跳高	跳高、撑竿跳高
		跳远、三级跳远	跳远、三级跳远
		铅球、铁饼	铅球、铁饼
		标枪、链球	标枪、链球

个人项目最多报 2 名运动员参赛，接力项目最多报 1 支队伍参赛。根据国际军体规定，武汉军运会设残疾运动员田径比赛项目。残疾运动员可报名参赛，计入代表队总人数，但不设立奖项，不颁发奖牌。

比赛时间

田径比赛日程表

日　期	时　间	内　容
10 月 22 日	全天	比赛
10 月 23 日	全天	比赛
10 月 24 日	全天	比赛
10 月 25 日	全天	比赛
10 月 26 日	全天	比赛
10 月 27 日	全天	马拉松

备注：比赛日程根据实际参赛人数进行调整。

PART 3

军运会项目导引

武汉五环体育中心体育场路线图

东湖绿道马拉松及公路自行车场地路线图

出行攻略

● **武汉五环体育中心体育场**

地铁线路：乘坐地铁1号线到"码头潭公园"站（D出口），再向东800米即到。

● **东湖绿道马拉松及公路自行车场地**

公交线路：乘坐316、392、534、545、566、734、782、810、夜782路等公交车在欢乐大道欢乐谷站下车。

地铁线路：乘坐地铁4号线在仁和路站（A出口）下车，步行至欢乐谷广场（马拉松项目的起终点）。

项目知识

田径运动是田赛、径赛和全能比赛的统称。其中，以高度和远度计算成绩的跳跃、投掷项目称为田赛；以时间计算成绩的竞走、奔跑项目称为径赛；由部分田赛和径赛组成的运动项目称为全能项目。

径赛项目：400米及以下的径赛项目采用蹲踞式起跑，必须使用起跑器。参赛者在做好最后预备姿势后，只能接收到发令枪发出的信号之后开始起跑。如果在发令枪发出的信号之前开始起跑，则被判为起跑犯规。对于起跑犯规的运动员，则取消该项目的比赛资格；竞赛项目参赛者的名次取决于其身体躯干（不包括头、颈、臂、腿、手或足）抵达终点线后沿垂直面为止时的顺序，以先到达者名次列前。

田赛项目：在跳跃项目比赛中，通常有1名主裁判手中持有红、白旗帜各一面，用来表示运动员试跳是否成功。举红旗表示试跳失败，成绩无效；举白旗表示成功，成绩有效。在投掷项目比赛中，以运动员最好的一次试投（掷）成绩，作为最后的决定成绩判定名次，成绩好者列前。

热点看点

田径项目是军运会的金牌大项，本届军运会田径项目将产生45枚金牌。俄罗斯、巴西、德国在历届军运会中都有较好的表现，中国军团在第六届军运会上一共收获4金3铜，名列田径奖牌榜第三，传统军体强国俄罗斯也强势回归，全面开花，取得了较好的成绩。本届军运会，中国作为东道主，我国田径运动员都会全力去发挥自己最好的水平，成绩值得期待。

观赛提示

(1) 比赛开始前入场，对号入座，以免打扰别人；观赛中注意控制情绪，文明友善，尊重所有裁判员、教练员和运动员。

(2) 田径赛场的两端设有电子屏幕，运动员的资料、比赛安排和成绩以及精彩的比赛画面会在屏幕上显示，可方便您更好地欣赏比赛。

(3) 不得以送水、拍照等任何形式干扰比赛，禁止向赛场内扔任何杂物。

PART 3

军运会项目导引

径赛比赛

与军运同行——武汉军运会观赛指南

Part 3

WUHAN 2019 军运会项目导引

3-23

铁人三项

非军事特色项目

比赛场馆

江夏梁子湖铁人三项场地

发展历程

铁人三项（Triathlon）运动起源于 20 世纪 70 年代，一群体育爱好者聚集在夏威夷的一家酒吧里，争论哪个项目最有刺激性、挑战性、最能考验人的意志和体能。原美国海军中校约翰·科林斯提出，谁能在一天之内先在海里游 3.8 千米，

然后骑自行车环岛骑行 180 千米，再跑完 42.195 千米的马拉松全程，谁就是真正的超级运动员。第二天，就有 15 人参加了比赛，其中还有 1 名女选手。后来，人们就把这项一次连续完成游泳、自行车和长跑的组合项目称为铁人三项。

国际军事体育理事会将铁人三项列入体育竞赛项目时间相对较晚。1992 年首届国际军事体育铁人三项锦标赛举办，1995 年列入首届世界军运会比赛项目，2000 年成为现代奥林匹克运动会的正式比赛项目。

项目设置

铁人三项项目设置表

大项	小项	
	男子	女子
铁人三项	男子个人	女子个人
	男子团体	女子团体
	混合团体	

比赛日程

铁人三项比赛日程表

日期	时间	内容
10 月 27 日	全天	比赛 / 颁奖仪式

与军运同行——武汉军运会观赛指南

铁人三项比赛

出行攻略

公交路线：乘坐 920 路公交车在梁子湖大道新华站下车；乘坐 925 路公交车在五大路下屋胡站下车。

项目知识

比赛中，运动员同时出发，并按项目规定依次连续进行游泳赛段、游泳至自行车的换项、自行车赛段、自行车至跑步的换项、跑步赛段，直至到达终点完成比赛。以最短时间完成全部赛程达到终点者为冠军。

江夏梁子湖铁人三项场地路线图

热点看点

铁人三项比赛设立于江夏区梁子湖风景区，那里绿树成荫，水面宽阔，自然风光非常好。在比赛中，观众将会欣赏到运动员挑战人体极限的壮举和美不胜收的自然风景。

铁人三项是一项耐力与毅力相结合的运动项目，运动员通过比赛完成对自然和自我的挑战，具有强烈的刺激性、挑战性和观赏性。本届铁人三项将

铁人三项比赛

产生5枚金牌。俄罗斯、巴西、加拿大、比利时等国家在历届军运会都有较好的表现。作为东道主的中国，我国铁人三项的运动员也会发挥出最好水平，争取实现新的突破。

观赛提示

铁人三项运动是高强度的耐力性竞赛项目，能够充分体现运动员体能、速度和技能的综合性竞技运动项目，具有很强的观赏性。因此，观众在赛前要做好相应的准备工作，如了解比赛的路线，沿途路段的禁行规定，观众区和通往观众区域的路线、时限，还要考虑天气情况，如注意防晒、防雨等方面的问题。

Part 3
军运会项目导引

3-24

排球
非军事特色项目

比赛场馆

江汉大学体育馆　武汉体育中心体育馆
青山江滩沙滩排球中心
汉阳江滩沙滩排球中心

发展历程

　　排球（Volleyball）是1895年由美国一位名叫威廉·摩根的体育干事发明的室内球类游戏。当时，篮球和网球运动已经比较盛行。但摩根认为篮球运动身体冲撞多，而网球运动参与人数少，他想寻求一种运动量适中、富于趣味性、男女老少都能参加的室内娱乐项目，因而发明了排球。

　　排球运动诞生后，通过教会的传教活动和军队的军事活动，逐渐传播到世界各地。1961年首届国际军事体育排球锦标赛（男子）举办，1964年正式亮相奥运会赛场。现在，排球运动已成为世界上广泛开展的一项体育项目。

项目设置

排球项目设置表

大 项	分 项	小 项	
		男 子	女 子
排 球	排球	男子排球	女子排球
	沙滩排球	男子沙滩排球	女子沙滩排球

比赛日程

排球比赛日程表

日 期	时 间	内 容	
		排球	沙滩排球
10月16日	全天	女子第1～4场	
10月17日	全天	女子第5～8场	
10月18日	全天	女子第9～12场	
10月19日	全天	男子第1～4场	
10月20日	全天	男子第5～8场 女子第13～16场	
10月21日	全天	男子第9～12场 女子第17～18场	小组赛
10月22日	全天	男子第13～16场 女子第19～20场	小组赛
10月23日	全天	男子第17～20场	1/8决赛
10月24日	全天	休息	1/4决赛
10月26日	全天	男子第21～25场	半决赛
10月27日	全天	男子第26～29场	决赛

出行攻略

● 江汉大学体育馆

公交线路：乘坐公交 K02、213、325、208、213 路在博学路江大五号门站下。

地铁线路：乘地铁 3 号线到体育中心站（A 出口）或乘坐 6 号线到东风公司站（C 出口）下车。

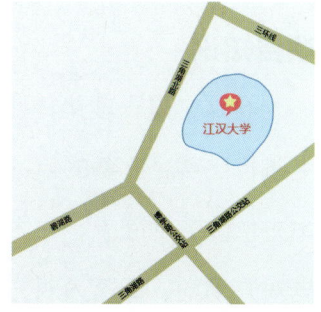

江汉大学体育馆（男排）路线图

● 武汉体育中心体育馆

地铁线路：乘坐3号线到体育中心站或东风公司站（A出口）下车；6号线到车城东路站（B出口）或东风公司站下车，转乘公交车。

公交线路：乘坐公交271、395路到东风大道车城北路站下车；乘坐K01、K03、201、205、325、347、351、YX351路到车城北路地铁东风公司站下车；乘坐769/K769、213、272、351、395、760、760（夜班）路在太子湖路体育中心北门站下车。

武汉体育中心体育场路线图

● 青山江滩沙滩排球中心

公交线路：乘坐公交16、113路在临江大道建设八路站下车；20、365路在建设八路红钢二街站下车。

青山江滩沙滩排球中心路线图

● 汉阳江滩沙滩排球中心

公交线路：乘坐公交30、531路在晴川大道汉阳大道口站下车；24、26、547、646、658、24（夜班）路在阳新路公交停车场站下车。

地铁线路：乘坐地铁4号线到拦江路站（B出口）下车；6号线到马鹦路站（B出口）下车，换乘公交。

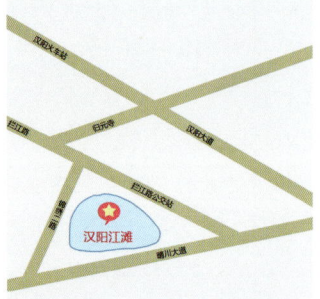

汉阳江滩沙滩排球中心路线图

项目知识

排球：是一项集体比赛项目。比赛时两队各派6名队员在由球网分开的场地上进行比赛。比赛的目的是击球过网让球落在对方场区的地面上，而防止球落在本方场区的地面上。一方接球后在本方场区内击球不得超过3次，然后要将球击向对方场地，球落入对方场地或经过对方击球后出界就算得1分。一名队员不能连续 2 次击球，接发球队胜 1 球时得 1 分，同时获得发球权，队员按顺时针方向轮转一个位置，先得到 25 分且超出对手 2 分者赢得一局。排球比赛一般采用 5 局 3 胜制。

沙滩排球：其基本规则、场地大小、排球大小、得失分和交换发球权等方面与室内排球运动基本一样。沙滩排球比赛是一项由 2 人组成的两队在由球网分开的沙地上进行比赛的运动。细洁柔软的场地，长、宽各为 16 米和 8 米，但场内没有发球区和前后排的限制。一般采用 3 局 2 胜制，先得 21 分者赢得一局。如果双方打成 20 比 20 平分时，净胜 2 分一方才能获胜。

热点看点

排球比赛观赏性很强，直传背溜、轻吊重扣、拦网防守、鱼跃救球……精彩的配合和超群的能力，排球场上看点实在太多。巴西、加拿大、德国、中国等代表队在历届军运会都有着不错的表现，是奖牌的有力争夺者。我国女子排球代表队作为世界传统强队，在上一届军运会夺得了亚军，此次坐镇主场，能否顶住压力、打出自我，值得期待。

矫健的身姿、激烈的对抗，沙滩排球运动员在沙地上可以做出许多意想不到的击球和救球动作，给观众带来极大的愉悦。同时，沙滩排球有较强的竞技性和娱乐性，现场体育展示的表演形式多样、内容新颖。通过音乐、沙滩宝贝表演等多种形式，观众可以很好地融入现场的比赛气氛。

比赛提示

(1) 如果球飞到看台，观众不要直接将球扔回场内，应将球捡起交给捡球员。

(2) 观看比赛时请注意控制情绪，文明友善。暂停时，任何助威的声音都是允许的，但观众不能向场内投掷硬物或有针对性地刺激运动员。

(3) 观众在观看沙滩排球比赛前应抹上一些防晒霜以降低紫外线对皮肤的伤害，但不可携带长柄伞进入观赛区。准备太阳镜可以在强日光照射下保持清晰的视野。

Part 3

WUHAN 2019　军运会项目导引

3-25

摔跤

非军事特色项目

比赛场馆

武汉软件工程职业学院体育馆

发展历程

　　摔跤（Wrestling）起源于希腊，被公认为是世界上最早的竞技体育运动之一。古代奥运会在公元前 776 年诞生之时，摔跤就是其中的一项比赛。国际军体在 1961 年举办了第一届摔跤单项赛，摔跤项目在第一届军运会就被列入正式比赛项目。

项目设置

摔跤项目设置表

大 项	小 项	
	男 子	女 子
摔跤	男子古典式 60 公斤	
	男子古典式 67 公斤	
	男子古典式 77 公斤	
	男子古典式 87 公斤	
	男子古典式 97 公斤	
	男子古典式 130 公斤	
	男子自由式 57 公斤	女子自由式 50 公斤
	男子自由式 65 公斤	女子自由式 53 公斤
	男子自由式 74 公斤	女子自由式 57 公斤
	男子自由式 86 公斤	女子自由式 62 公斤
	男子自由式 97 公斤	女子自由式 68 公斤
	男子自由式 125 公斤	女子自由式 76 公斤

男子古典式、男子自由式、女子自由式 3 个跤种，各代表队每个跤种限报 4 个级别，每个级别限报 1 人。

比赛日程

摔跤比赛日程表

日 期	时 间	内 容
10 月 21 日	全天	称重、比赛
10 月 22 日	全天	称重、比赛
10 月 23 日	全天	称重、比赛
10 月 24 日	全天	称重、比赛

出行攻略

地铁线路：乘坐 2 号线到"秀湖"站（C 口）、"藏龙东街"站（B 口或 C 口）或"佛祖岭"站（A 口），再向武汉软件工程职业学院步行即到。

武汉软件工程职业学院体育馆路线图

项目知识

1. 摔跤的种类

摔跤项目分为古典式和自由式两个跤种。古典式摔跤禁止抱握对手腰以下部位、做绊腿动作以及主动用腿使用动作。自由式摔跤允许抱握对手的腿、做绊腿动作，允许积极地用腿使用动作。双腋下握颈动作禁止在女子摔跤中使用。

2. 获胜方式

（1）点数获胜。每局中点数多者为该局获胜，3 局 2 胜。若双方在一局比赛中的比分相同，则获得大技术分值的运动员获胜；若技术分值也相同，则判后得分者获胜。

（2）特殊获胜方式。①技术优势获胜：一局比赛中，如果双方的比分相差 6 分，不管本局的比赛时间是否已到，本局比赛立即结束，判定分值高的运动员获胜。②双肩着地获胜：比赛中任意一方将另一方摔成肩背着地，并控制住对方使其双肩着地达 1 秒钟，控制者获得整场比赛的胜利。③高分值技术获胜：在一局比赛中，如果一方得到一个 5 分分值的技术分，或得到两个 3 分分值的技术分，不管本局的比赛时间是否已到，本局比赛都要马上结束，判定得高分的运动员获胜。

热点看点

(1) 摔跤是一项古老而技术性很强的运动，它具有很强的实用价值和观赏性。古典式摔跤和自由式摔跤的主要区别在于腿的使用，观众可以通过对两种不同跤

摔跤比赛

式风格的对比，从运动员敏捷的见招拆招中获得无尽的美感。

（2）摔跤运动是运动员之间体力的较量，也是智慧的交锋。自由式摔跤技术复杂多样，相比古典式摔跤来说，对抗激烈勇猛。除了迷惑对手出奇制胜的假动作之外，锁臂缠腿、抱单腿、拦腿摔等也是非常精彩的看点。

观赛提示

（1）摔跤比赛看似激烈和野蛮，但在漫长的发展过程中已具备了一套完善的竞技规则。它并不是纯粹靠力量对抗的项目，展示的是一种搏击美学。观赛时，不可将摔跤比赛视为简单的搏斗表演，更不能乱喊谩骂，或做出粗鲁无理或夸张的动作。

（2）给摔跤运动员加油喝彩要掌握尺度，要使用文明的语言，同时控制好情绪。既要为自己国家的运动员加油，同时也不能伤害对方运动员的感情。

（3）摔跤比赛进行过程中，当场上出现运动员使用高级技术，把对手大幅度腾空翻转到垫上，或者类似的高难度动作得高分时，都应当给予热烈的掌声。如果处于劣势的运动员一直在坚持努力，这时候也可恰当地给予鼓励。

Part 3
WUHAN 2019 军运会项目导引

3-26
体操
表演项目

比赛场馆

湖北省奥林匹克体育中心体育馆

发展历程

现代竞技体操（Gymnastics）始于18世纪的欧洲，在1896年第一届雅典奥运会中，设立了鞍马、吊环、跳马、双杠和单杠项目。在1932年第10届洛杉矶奥运会中增设了自由体操，现代竞技体操初具规模。1936年第11届柏林奥运会上，体操比赛形成目前的男6项比赛。体操项目在本届军运会列入表演项目。

体操比赛

项目设置

比赛设男子团体、个人全能和自由体操、鞍马、吊环、跳马、双杠、单杠，共 8 个小项。

比赛日程

体操比赛日程表

日　期	时　间	内　容
10 月 20 日	全天	抽签、资格赛
10 月 21 日	全天	男子团体决赛
10 月 22 日	全天	休　息
10 月 23 日	全天	男子个人全能决赛
10 月 24 日	全天	男子自由体操、鞍马、吊环决赛
10 月 25 日	全天	男子跳马、双杠、单杠决赛

出行攻略

公交线路：乘坐 333 路到"高新二路佛祖岭一路"站，或乘坐 334 路到"佛祖岭一路武网中心"站，或"光谷量子号"有轨电车 L2 路到"奥体中心"站下车即到。

地铁线路：乘坐 11 号线到"光谷生物园"站或"光谷同济医院"站，再南行 1.8 千米即到。

湖北省奥林匹克体育中心体育馆路线图

项目知识

体操是一项在规定的器械上，完成复杂、协调的动作，并根据动作的分值或动作的难度、编排与完成情况等给予评分的运动。

1. 资格赛

每个国家可派出 6 名运动员组队或个人参加比赛，团体项目一般实行 6-5-4 赛制（即每队 6 人，每项上场 5 人，取 4 个最好成绩计入总分）。资格赛决定参加团体决赛、个人全能决赛、单项决赛的资格。资格赛的成绩不带入决赛。

2. 个人全能

在团体和个人资格赛中，获得前 24 名的运动员参加该赛。每队最多 2 名运动员参赛。以全能决赛成绩确定全能名次。

3. 单项决赛

在团体和个人资格赛中，获各单项成绩前 8 名的运动员参赛，以各项决赛的成绩决定单项名次。

4. 团体决赛

在资格赛中获得团体前 8 名的队伍参赛，团体决赛实行 6-3-3 制（即每项上场 3 人，3 人分数都计入总分）。

热点看点

中国、美国、俄罗斯等都是体操传统强队,竞争将非常激烈。虽然体操项目在本届军运会中为表演项目,但参赛运动员一定会用完美的发挥征服观众。

观赛提示

(1) 不要在观赛期间使用荧光棒,也不要使用闪光灯拍照。

(2) 手机要关机或设置在振动、静音状态。不往场内扔杂物。

(3) 体操是打分项目,当你认为有裁判不公的现象时,请不要起哄,多鼓励运动员。

体操比赛

Part 3

WUHAN 2019 军运会项目导引

3-27

网球

表演项目

比赛场馆

光谷国际网球中心

发展历程

网球（Tennis）是一项优美而激烈的运动，最早起源于12—13世纪法国传教士在教堂回廊里用手掌击球的一种游戏，后来成为宫廷里的一种室内消遣娱乐活动。现代网球运动诞生于19世纪的英国伯明翰，最初被称为"草地网球"。在20世纪中，网球在世界各地得到广泛发展，并成为一项世界性的体育运动。1896年在雅典举行的现代第一届奥运会上，网球的男子单打与双打被列为正式比赛项目。最受关注的网球比赛是每年举办的网球四大满贯赛事。

项目设置

网球项目设置表

大 项	小 项	
	男 子	女 子
网球	男子单打	女子单打
	男子双打	女子双打
	混合双打	

各代表队在男子、女子单打项目中各先报 4 名运动员，双打项目先报 2 对选手。

比赛日程

网球比赛日程表

日　期	项　目	内　容
10月18日	男子单打	第一轮（64进32）
	女子双打	第一轮（32进16）
10月19日	女子单打	第一轮（64进32）
	男子双打	第一轮（32进16）
10月20日	男子双打	第二轮（16进8）
	女子双打	第二轮（16进8）
	混合双打	第一轮（32进16）
10月21日	男子单打	第二轮（32进16）
	女子单打	第二轮（32进16）
	混合双打	第二轮（16进8）
10月22日	男子单打	第三轮（16进8）
	女子单打	第三轮（16进8）
	男子双打	1/4决赛
	女子双打	1/4决赛
10月23日	男子单打	1/4决赛
	女子单打	1/4决赛
	混合双打	1/4决赛

续表

日 期	项 目	内 容
10月24日	男子单打	半决赛
	女子单打	半决赛
	男子双打	半决赛
	女子双打	半决赛
10月25日	男子双打	金牌赛、铜牌赛
	女子双打	金牌赛、铜牌赛
	混合双打	半决赛
10月26日	男子单打	金牌赛、铜牌赛
	女子单打	金牌赛、铜牌赛
	混合双打	金牌赛、铜牌赛

备注：比赛日程根据实际参赛人数进行调整。

出行攻略

公交线路：乘坐333路在高新二路佛祖岭一路站下车；乘坐334路在佛祖岭一路武网中心站下车；乘坐光谷有轨电车L2路在国际网球中心站下车。

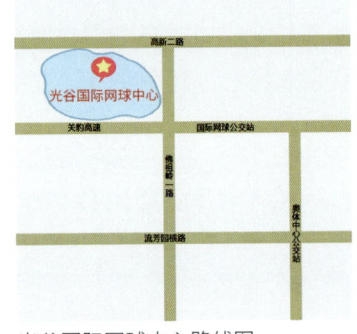

光谷国际网球中心路线图

地铁线路：乘坐地铁11号线在光谷同济医院站（A出口）下车，换乘334路公交车在佛祖岭一路武网中心站下车；乘坐地铁2号线在黄龙山路站（B出口）下车，换乘333路公交车在高新二路佛祖岭一路站下车步行195米。

项目知识

网球比赛分为单打和双打两种形式。球员用网球拍将球击过网，落入对方的网球场地上。每位球员的目的都是尽力将球打到对方的场地上去，就这样一来一回，直到有一方将球打出界或没接到球为止。

网球比赛

网球每局比赛得分依次记为 15、30、40。每局比赛中，至少要比对手多 2 分球才能结束该局比赛。网球比赛中如果对手落后至少两局，那么先赢得 6 局的球员就赢了一盘。若比分是 6∶5，那么双方就要再打一局。若占先者胜利，即该盘比分为 7∶5，判占先者赢得此盘。若另一个球员把这盘扳平为 6∶6，那就由决胜局（抢七局）决定谁为胜者。国际网球大满贯赛事主要实行 5 盘 3 胜制（男子）和 3 盘 2 胜制（女子）。

热点看点

网球是武汉的城市名片，从武汉不仅走出了潘兵、余丽桥、马克勤、李婷等一批网球名将和教练，还培养出了两度夺得大满贯冠军的李娜。网球被列为武汉军运会表演项目，根据国际军体相关章程，只要今后参赛的国家和地区代表队越来越多，表演项目就可以成为正式比赛项目。

观赛提示

(1) 赛前进入观众席就座，比赛进行中不得走动或退场。

(2) 观众不得随便进入正在比赛的场地，更不要与工作中的裁判员、工作人员谈话，以免影响比赛的正常进行。

(3) 在球员发球的时候，不要使用闪光灯拍照，更不要发出声响，避免对运动员造成干扰。

Part 4

欢聚
在武汉

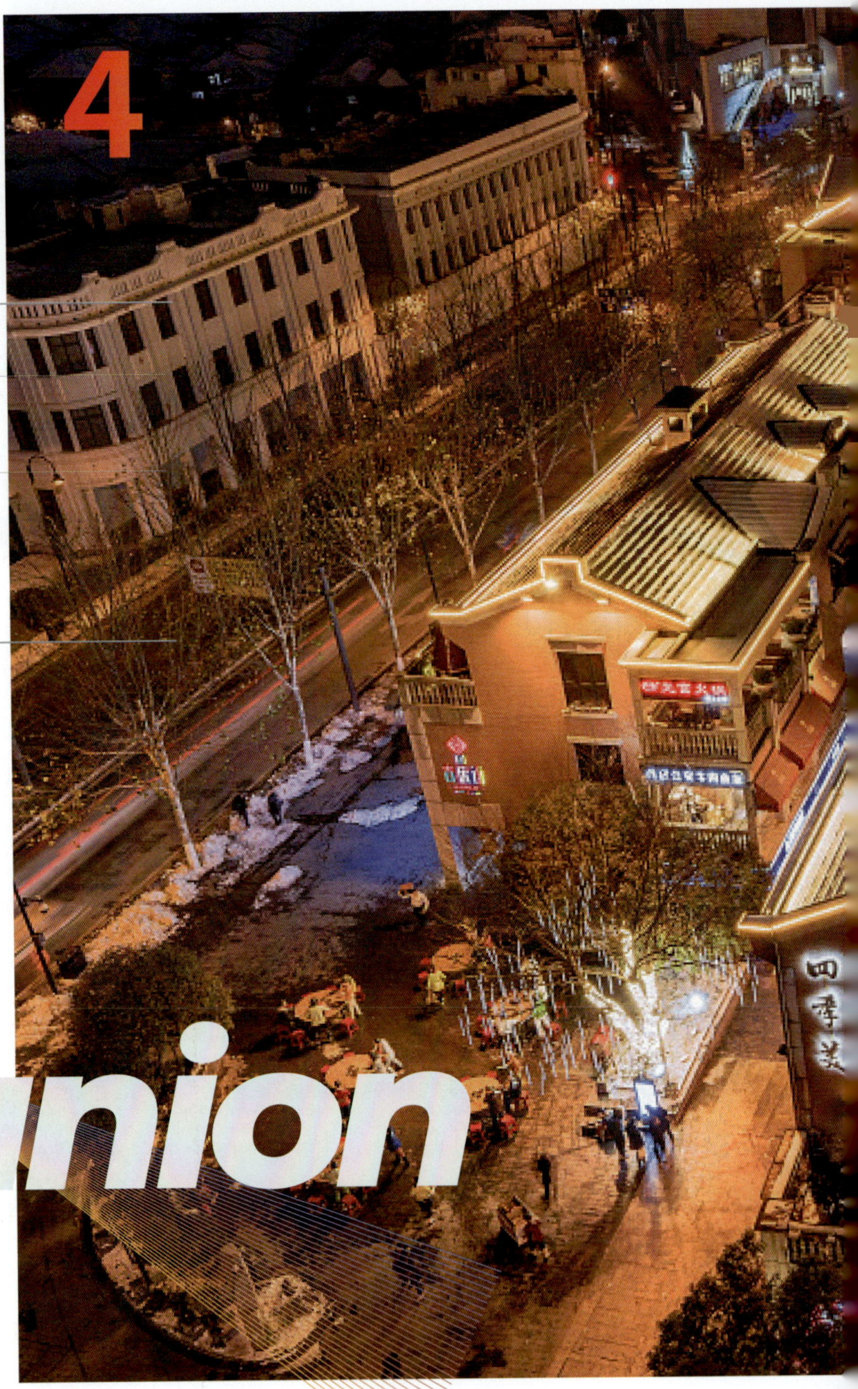

武汉，简称"汉"，是湖北省省会，中国中部地区中心城市，国家历史文化名城，全国重要的工业基地、科教基地和综合交通枢纽。武汉的市树是有"活化石"之称的水杉，市花是作为"岁寒三友"之一的梅花。城市形象标识主体图案是

繁体"漢"字,城市形象口号是:"武汉,每天不一样!"

　　进入新时代,武汉全面开启复兴大武汉新征程,正朝着加快建设现代化、国际化、生态化大武汉的目标阔步前行,努力打造长江主轴、国家中心城市和世界亮点城市,谱写中华民族伟大复兴中国梦的武汉新篇章!

楚风汉韵之城

武汉拥有3500多年文明传承,是中国建城历史最悠久的城市之一。源起于殷商盘龙古城的武汉,是中华知音文化之根、楚风汉韵之地、白云黄鹤之乡,留下了大禹治水、屈子行吟、木兰从军等千古传说。汉口开埠、兴办洋务,开启了中国近代工商业文明。全市有名胜古迹339处、革命纪念地103处,有国家级、省级、市级重点文物保护单位178处。

山水形胜之城

中国第一大河长江及其最大支流汉江在武汉交汇,大江大河的城市地理格局世界少有。一城秀水半城山,山水形胜,景致天成。武昌、汉口、汉阳三镇鼎立,龟山、蛇山隔江相望。这里城水交融,水域面积超过市域面积的1/4,33平方千米的亚洲最大城中湖——东湖如明珠镶嵌其中,166个湖泊如项链辉映,素有"江城"之称,又有"百湖之市"的美誉。武汉积极推进生态保护和环境整治,两度荣获C40(C40城市气候领袖群)"城市的未来"奖项。

九省通衢之城

武汉地处中国经济地理中心,如同围棋棋盘的天元之位,通江达海、辐射八方,素有"九省通衢"的美誉。这里是全国四大铁路主枢纽之一、全国高速公路主骨架网络节点、长江中游航运中心和内陆门户机场,是全国性物流节点城市,内河航运进入世界第一方阵。乘坐高铁至北京、上海、重庆、深圳等城市均在5小时左右。以武汉为中心、1200千米为半径画圆,可覆盖中国11.6亿人口和92%的经济总量。

科技创新之城

武汉是全国三大智力密集区之一,拥有国家实验室1个、国家重点实验室20个、国家工程实验室3个、企业国家重点实验室6个,普通高等院校98所,在校大学生约120万人,是世界在校大学生数量最多的城市。2015年,武汉被国家定位为"国家创新型城市试点""全面创新改革试验区"。同年7月,武汉城市圈获批成为全国首个科技金融改革创新试验区。2017年发明专利申请量20603件、授权量7444件。

现代产业之城

武汉产业体系完备,汽车及零部件、电子信息、装备制造、食品、能源环保等产业规模过千亿元,是世界主要的光通信科技创新及产业基地,国家存储芯片产业基地,"中国·光谷"蜚声海内外。全球十大汽车制造厂商有 4 家在汉投资,是中国拥有车系最多的城市,"中国车都"初具规模。桥梁、高铁工程设计及建设能力居全球领先地位,成功入选世界设计之都。金融、物流、会展、商贸等现代服务业发达。

开放合作之城

武汉正致力于打造中国内陆开放型经济高地。武汉国际综合通达能力中部第一,拥有国际及地区航线 56 条,直达五大洲。近海近洋航线通达日韩、东南亚等国家和地区,是中国中西部"出海口"。中欧(武汉)国际货运班列货运量全国第二、回程量第一。法国、美国、韩国、英国在汉设立领事馆。世界 500 强企业一半以上在汉投资。

休闲旅游之城

武汉是中国中部旅游中心城市,"一带一路"建设的重要节点城市,也是长江三峡旅游线的门户,拥有黄鹤楼、东湖生态旅游风景区、黄陂木兰文化生态旅游区三个国家 5A 级景区,拥有湖北省博物馆、归元禅寺、辛亥革命博物馆等 19 个国家 4A 级景区。风景优美的龙阳湖、天兴洲、盘龙城、道观河、金银湖、东西湖等都是市民观光、游乐、避暑、疗养的好去处。

运动健身之城

武汉拥有大、中型体育场馆 154 个,成功举办女足世界杯、汤尤杯羽毛球赛、世界乒乓球锦标赛、WTA(国际女子职业网联)武汉网球公开赛、世界男排联赛、男篮亚锦赛、环中国国际公路自行车赛、武汉马拉松、世界飞行者大会及中国武汉国际赛马节等多项大型国际体育赛事。武汉籍运动员在国内外重大体育比赛中成绩斐然,拥有澳网、法网冠军李娜,奥运跳水冠军周继红、伏明霞、肖海亮,奥运乒乓球冠军陈静、乔红,奥运羽毛球冠军高崚等一批高水平运动员,累计获得 34 个世界冠军,其中奥运冠军 8 个。

与军运同行——武汉军运会观赛指南

Part 4

WUHAN 2019　欢聚在武汉

4-1

美食在武汉

　　武汉，作为"九省通衢"之地，湖北省的省会城市，不仅交通便捷，拥有水上、路上及航空多种交通方式，而且资源丰富；不仅有旖旎的自然风光、历史感厚重的人文景观，而且有脍炙人口的美食。蔡林记热干面、四季美汤包、老通城三鲜豆皮、顺香居烧麦、福庆和牛肉豆丝、小桃园煨汤、田启恒糊汤粉、谢荣德面窝，这些都曾是武汉的美食名片。随着时代和社会的发展，这些曾经的美食正在以别样的面貌呈现在人们面前。

热干面

面窝

汉味美食

【小吃】

说到武汉的美食，最有特色的当属武汉的小吃。通常，武汉人的早餐就是这些花样品种丰富的小吃。下面让我们一起看看吧！

1. 热干面

热干面是中国十大面条之一，它既不同于汤面，又不同于凉面。面条事先煮熟，过冷和过油后，淋上油、醋、辣椒油等配料，再加上芝麻酱、香油等。吃时面条纤细爽滑、酱汁香浓味美。

- 蔡明纬 | 户部巷与民主路交会处
- 丽华早点 | 大成路 12 号（近司门口）
- 天天红油赵师傅热干面 | 粮道街 139 号（武昌区福利院附近）

2. 面窝

面窝是一种用大米、黄豆混合磨成的米浆，撒上黑芝麻，放到油锅里炸制出来的边厚中空、色黄脆香的圆形米饼。

- 马场角精粉世家 | 汉口马场角横路
- 三镇民生甜食馆 | 胜利街 86 号（合作路附近）
- 陈记炸酱面（黄陂街总店）| 汉口民生路黄陂街 81 号

3. 鸡冠饺

鸡冠饺因其形状如鸡冠而得名。虽然是"饺"，但个头却有手掌那么大，里

鸡冠饺

糯米鸡

面的馅大多是粉丝或鲜肉，咸香微辣，在热油中炸至金黄即成。其特点是面香酥脆，入口绵软。

- 月宫食堂 | 武胜路地铁站 Q 出口直行约 600 米
- 雷氏鸡冠饺 | 三眼桥北路 24 附 4 号
- 李记鸡冠饺 | 中山大道与新兴街交叉口东南 50 米

4. 糯米鸡

糯米鸡是由料酒、酱油和香喷喷的肉拌制的糯米饭裹浆油炸而成，虽然与烧麦同为糯米馅，但糯米鸡的内馅脆生，嚼头足、酱味浓。

- 三镇民生甜食馆 | 胜利街 86 号（合作路附近）
- 正宗黄金小面窝糯米鸡 | 武昌区自由路与户部巷交会处

5. 豆皮

将黄豆、大米混合磨浆，在锅里摊成薄皮，内包煮熟的糯米、肉丁、鲜蛋、鲜虾仁等馅料，用油煎制而成。其皮金黄发亮，入口酥松嫩香。

- 王师傅豆皮馆 | 汉口高雄路东段（近台北一路）
- 阿斌三鲜豆皮 | 水陆街东（水陆复兴路口）
- 曾记豆皮大王 | 汉阳大道五里新村汉阳医院巷子口

6. 糯米包油条

舀一勺糯米碾平，一层绵糖粉撒匀，一勺芝麻调料粉撒匀，再铺一层糖粉，油条撕段，按在糯米中间，用力捏握成形，两端蘸糖和芝麻粉，一份白嫩饱满的糯米包油条就诞生了。

- 武汉大学工学部集贸市场 | 八一路 483 号
- 何嫂糯米包油条 | 循礼门往青少年宫方向约 30 米

7. 烧麦

烧麦的制作方法是将肥膘猪肉、馒头、橘饼、花生米、冰糖、葡萄干等切成小丁，略微一炒，再用桂花、红绿丝、白糖调合成馅。面粉加水适量，放少许精盐揉和成面团，擀成一张张荷叶形薄皮，放入馅心，加少许麻油包成。

- 严氏烧麦 | 友谊路双洞正街 48 号
- 严老幺烧卖（前进四路店）| 前进四路与自治街交叉口
- 丙祥烧麦 | 球场街球场热干面馆旁

8. 欢喜坨

欢喜坨是由糯米粉滚成圆团，再裹上一层芝麻炸熟而成，炸熟后外脆内软，外焦里嫩。它和麻圆的区别在于：包着糖心或者豆沙馅的是欢喜坨，要不，它只能叫麻圆。

- 丽华早点 | 武昌大成路 12 号（近司门口）
- 武汉大学工学部集贸市场 | 八一路 483 号

糯米包油条

烧麦

9. 酥饺

糯米做的酥饺没有芯，炸好后其外皮金黄酥脆，内里糍糯，趁热往糖粉堆里滚上几圈沾上细细的糖粉，咬一口又甜又糯。

● 蒋氏酥饺 | 汉口清芬一路 121 号附近

● 凤凰山社区 | 武昌凤凰山社区，加油站对面

● 李氏酥饺 | 汉口前进五路 38 号

10. 糊汤粉

千湖之省，百湖之市，早餐自然不能少了鱼。鲜活的小鱼加上稻米熬出的米粉，撒上小葱、虾皮、胡椒、葱花、辣萝卜，用油条蘸上。武汉的过早，没有比这个更鲜的了。

● 沈记鲜鱼糊汤粉 | 汉口南京路／江汉一路（路口）

● 老杨家鲜鱼糊粉 | 汉口南京路与吉庆街交会处

● 怀货糊汤米粉 | 武昌区惠明路老味鱼庄对面

【特色菜肴】

1. 排骨藕汤

湖北人接待贵客的必备菜之一。做法是拿藕和肉骨头煨汤，文火煨到肉烂脱骨，藕块吃起来口感粉糯又不失清脆，喝上一口汤，香浓清甜。营养丰富，开胃益血，有补气补钙的功效。

● 董厨煨汤馆 | 江岸区岳飞街 28 号（金源大厦附近）

● 望旺煨汤馆 | 汉口发展大道八古墩路 226 号（近汉口火车站）

● 燕子煨汤馆 | 山海关路 46 号

2. 清蒸武昌鱼

武昌鱼肉质肥嫩、鲜美，富含脂肪，它有很多做法，但唯有清蒸出来的鱼，肉质鲜嫩，最为鲜美，最能充分享受到它的原汁原味。

排骨藕汤

欢喜坨

清蒸武昌鱼

洪山菜薹

● 亢龙太子酒轩（花园店）| 建设大道 711 号（建设大道与新华路交会处东北角）

● 俏立方餐厅（汉街店）| 楚河南路万达汉街 15 号

● 大中华酒楼（户部巷店）| 武昌区民主路 69 号

3. 洪山菜薹

洪山菜薹是产于武昌洪山一带的红菜薹，颜色紫红，薹茎状伟、脆嫩清香，口味清甜，营养丰富，常食不厌，是武汉人冬春两季的家常菜之一，同武昌鱼一起被誉为楚天两大名菜。

洪山菜薹做法颇多，而红菜薹炒腊肉就是古今闻名、别具一格的传统节令佳肴。

● 老宅藕香武昌鱼（黄鹤楼店）| 民主路 9 号

● 老村长私募菜 (1911 店) | 新华路 589 号大武汉 1911F 栋 1 层

● 帅巴人硒乡记（光谷天地店）| 光谷天地区 F 星巴克旁

与军运同行——武汉军运会观赛指南

Part 4

WUHAN 2019 欢聚在武汉

4-2 运动在武汉

  高水平体育赛事作为一种世界语言，可以全方位、立体化促进城市发展，助力城市亮相世界舞台。近年来，武汉先后举办了女足世界杯、世界羽毛球团体锦标赛、亚洲男篮锦标赛、武汉网球公开赛等一系列国际重大赛事，将法网和澳网女单冠军李娜口中这座"只有1000多万人口的城市"，展现在了世界面前。

  在赛事"版图"不断扩张的同时，武汉体育一批独特的赛事IP正在逐渐形成。这里特别梳理出了8项极具影响力的武汉体育赛事，包括武汉马拉松、世界飞行者大会、武汉水上马拉松、武汉国际赛马节、武汉7·16渡江节、武汉网球公开赛、"同城双星"龙舟友谊赛、亚洲羽毛球锦标赛。

武汉马拉松

武汉马拉松于2016年4月开跑，每年吸引全国及世界各地20000多名运动员和马拉松爱好者参加，举办仅两年就从中国田协铜牌赛事跃升为金牌赛事。2018年汉马赛事转播加入了"奔跑中国"系列赛，央视直播当天收视率创"奔跑中国"开播以来的新高，充分说明了武汉这座城市的魅力和汉马的人气。同天进行的全国40余场马拉松赛事中，汉马位居微博话题第一，超百万人次为汉马助威、点赞。

武汉马拉松

世界飞行者大会

世界飞行者大会

国际航联世界飞行者大会于2017年11月4日至7日在武汉举行后，每两年在武汉举办一届。世界飞行者大会使武汉变成天空之城，近30个国家和地区的1000多名飞行员、运动员、教练员、裁判员及其他专业人员参加，1907架次的航空竞技表演燃爆江城，50多万名观众现场直击，产业招商突破千亿元，全球收听收看和新媒体点击人次达10亿。

武汉水上马拉松

20世纪50年代至60年代，开国领袖毛泽东曾多次在长江和东湖畅游，谱写出"万里长江横渡""极目楚天舒"的壮美画卷，从此，横渡大江大湖成为武汉

这座城市最具地域特色和个性魅力的传统体育赛事。武汉水上马拉松于2017年11月5日创办,当天,来自14个国家和地区的近百名游泳健将和千余名游泳爱好者,在东湖郭郑湖水域竞渡,将东湖的大气秀美与马拉松的运动激情完美结合,创造了武汉水上运动的又一独特品牌。

武汉国际赛马节

2018年10月27日至11月4日,武汉国际赛马节再次扬鞭,迎来了武汉赛马的16岁生日。16年来,累计观众超百万,100多个国家和地区的顶级骑师来汉参赛,国际骑师大奖赛、全国速度赛马锦标赛、中国金牌骑师邀请赛、中国速度赛马公开赛等高水平赛事,已形成赛事品牌,如此密集的数字,全国第一、世界领先,武汉由此被誉为"赛马之都"。

武汉7·16渡江节

从1956年开始举办的大规模横渡长江活动,历经多年时代变迁,影响力越来越广,每年渡江节,都有全国各地大约5000人前来参加,盛况空前。2017年,大型系列纪录片《鸟瞰中国》以及美国国家地理杂志连续10天聚焦渡江节,从2015年开始,渡江节演变为"7·16全民游泳健身周",影响和带动近百万人群参与游泳活动,由此可以看出渡江节的地位和影响力。

武汉网球公开赛

武网是WTA(国际女子职业网联)全球十大顶级赛事之一超五巡回赛,于2014年正式举办。武汉网球公开赛是继北京中网、上海大师赛之后,国内级别最高的网球赛事,从2014—2028年,将于每年9月在武汉举行。武汉网球公开赛的主赛事为WTA超五巡回赛,2018年赛事奖金总额为274.6万美元,冠军积分为900分。比赛时间为9月21—29日。武汉网球公开赛与多哈、罗马、蒙特利尔、

武汉 7·16 渡江节

武汉网球公开赛

辛辛那提并肩成为全球五大超五巡回赛。WTA 发布的转播报告称，凭借一流的赛事服务和良好的网球群众基础，武汉将成为网球发展速度最快的城市之一。

武汉大学、华中科技大学"同城双星"龙舟友谊赛

2012 年，武汉市体育局、长江日报集团、东湖风景区、武汉大学、华中科技大学共同策划，借鉴牛津剑桥赛艇对抗赛，武汉大学、华中科技大学"同城双星"龙舟友谊赛。从此，武汉大学和华中科技大学两校上万学子和校友，每年一度云集东湖赛龙舟，盛况空前，成为全国关注的热点。在此基础上，"大美东湖"国际名校赛艇挑战赛、"武汉军运杯"军民龙舟赛等赛事相继在东湖举行，充分展示出大江大湖"大学之城"的风采。

亚洲羽毛球锦标赛

亚洲羽毛球锦标赛是世界水平最高的羽毛球单项赛事之一，由亚洲羽毛球联合会主办。自 2015 年起，亚洲羽毛球锦标赛每年 4 月下旬在武汉体育中心体育馆举办一届，将一直持续到 2020 年。目前，武汉正在谋求让这项赛事永久留在武汉举办。2018 年亚洲羽毛球锦标赛于 4 月 24 日至 29 日举行，吸引了林丹、李宗伟、谌龙、戴资颖等亚洲 23 个国家和地区的 248 名顶级运动员参赛，亚洲 10 多家电视台在全亚洲范围内进行转播，网络新闻搜索量达 710 万次。

与军运同行——武汉军运会观赛指南

4-3 畅行在武汉

为了观众在军运会期间能够更安全、便捷地出行，本节收录了武汉市的地铁、公交、机场交通巴士、铁路等交通工具信息，供大家参考。

汉口火车站

武汉火车站

武昌火车站

武汉地铁

军运会举办时，武汉共有 9 条地铁线路开通运行，分别是 1 号线、2 号线、3 号线、4 号线、6 号线、7 号线、8 号线、11 号线和阳逻线。其中，2 号线可以到达汉口火车站和天河机场。4 号线可以到达武汉火车站和武昌火车站。

地铁采用一票制，计价方式为按里程分段计价。每次进闸到出闸时限为 180 分钟。车票分为单程票、储值票、定期票（1 日票、3 日票、7 日票）和团体单程票（30 人及以上）等。其中，定期票在有效期内不限次数乘坐轨道交通，1 日票 18 元 / 张；3 日票 45 元 / 张；7 日票 90 元 / 张。普通储值票、纪念储值票和武汉通普通卡，享受 9 折优惠。

地铁运营时间：除了阳逻线工作日首末班车时间为 6:00—22:00，双休日首末班车时间为 6:30—22:00 以外，其余各线工作日首末班车时间为 6:00—22:30，双休日首末班车时间为 6:30—22:30。

地铁运营路线图请参见武汉地铁集团官网。

武汉公交

武汉市的公共交通不仅指公共汽车这一种交通工具，还包括了电车、轮渡和出租汽车。目前，武汉市拥有公交营运线路 330 条、轮渡航线 13 条、汽渡航线 2 条、出租车 1488 台。

军运会期间，所有持军运会身份注册卡的人员可免费乘坐武汉市以下公共交通工具：轨道交通、公交车、有轨电车、轮渡。

在军运村乘坐武汉地铁 8 号线可直通市内，可通过转乘其他公共交通工具到达相应比赛场馆，军运村地铁站入口临近军运村迎宾中心。

推荐下载"智能公交"App，掌握实时公交信息。

机场交通巴士

武汉天河机场距离汉口火车站、武昌火车站及武汉火车站的距离分别为 22 千米、35 千米和 42 千米。距离武汉港、阳逻港的距离分别为 27 千米和 70 千米；武汉天河机场直达京港澳高速公路、汉十高速公路、沪蓉高速公路距离均在 15 千米内。

机场 1 线：武昌傅家坡客运站—天河国际机场到达厅

上行各站站名：武昌傅家坡客运站—汉口民航小区站—天河国际机场候机楼站

下行各站站名：天河国际机场候机楼站—汉口民航小区站—武昌傅家坡客运站

武汉天河国际机场 T3 航站楼

运营时间：6:00—20:00

机场 2 线：汉口航空路站—天河国际机场到达厅

上行各站站名：汉口航空路站—汉口金家墩客运站—汉口民航小区—天河国际机场候机楼站

下行各站站名：天河国际机场候机楼站—汉口民航小区站—汉口金家墩客运站—汉口航空路站

运营时间：6:20—19:40

机场 3 线：鲁巷—武汉天河机场

上行各站站名：鲁巷—宏基长途汽车站—武汉天河机场

下行各站站名：武汉天河机场站—宏基长途汽车站—鲁巷站

运营时间：5:30—17:25

Part 4
欢聚在武汉

4-4
美景在武汉

　　武汉是首批中国优秀旅游城市，每年举办武汉国际旅游节。武汉自然风光独特，四季气候分明，拥有其他大都市罕有的 166 个湖泊和众多山峦。武汉的人文景观具有浓郁的楚文化特色。

黄鹤楼

黄鹤楼

黄鹤楼是武汉的城市地标之一，因唐代诗人崔颢"昔人已乘黄鹤去，此地空余黄鹤楼"的诗句而名扬天下，李白等诗人也都为黄鹤楼留下诗词。登上黄鹤楼远眺，可以看到滚滚长江和武汉三镇风光。黄鹤楼位于武汉长江南岸的黄鹤楼公园内，是公园的主体景点，公园和黄鹤楼统一售票。黄鹤楼与岳阳楼、滕王阁并称为"江南三大名楼"，相传原址始建于三国时期，历代屡建屡毁，今天看到的黄鹤楼，是 1985 年重建的。

武汉中山舰博物馆

武汉市中山舰博物馆是国家一级博物馆，坐落于湖北省武汉市江夏区金口街的中山舰旅游区核心景区。总规划面积 3.3 平方千米，主要由中山舰核心景区、杜家海游乐区、民俗风貌区、军事游览区、旅游产业区五大板块组成。

武汉中山舰博物馆

汤逊湖

汤逊湖景区

汤逊湖位于湖北省武汉市东湖高新技术开发区，水域面积47.6平方千米，是亚洲最大的城中湖。

汤逊湖东南邻江夏区，北靠武汉市中环线公路和华中农业大学，西边为老武纸公路，纸李公路直通景区，东面江夏大道贯湖而过。

东湖

武汉东湖，是武汉的城中湖，分为六个区域：听涛景区、磨山景区、落雁景区、吹笛景区、白马景区和珞洪景区，楚区浓郁，楚韵精妙。坐游船在东湖中游弋，也是游览东湖不错的方式。在景区外的烟霞路与松竹路交叉口（距离听涛景区约4千米），设有游船码头。

PART
4

欢聚在
武汉

东湖绿道

武汉植物园

武汉植物园位于武汉市武昌的洪山区，这里拥有东亚最大的水生植物资源圃，收集了 350 余种水生高等植物，几乎包含了中国所有的珍稀濒危种类。园中每个季节都有不同的花展，春季的郁金香展和高山杜鹃展、夏季的水生花卉展、秋季的菊花珍品展、冬季的热带兰花展。园中还建有各式园林：日式庭院宁静思远；欧式草坪简洁整齐；中国园林内有青石小径和潺潺的流水。

门票价格：

成人票：40 元 / 人

优待票：20 元 / 人（儿童、老人、学生）

武汉长江大桥

鹦鹉洲长江大桥

武汉长江大桥

武汉长江大桥，是长江上修建的第一座桥梁，也是武汉的地标性建筑。大桥横跨于武昌蛇山和汉阳龟山之间，1957年建成。桥的两端建有民族风格的桥头堡。大桥的建设得到了苏联政府的帮助，整座大桥充满了厚实的俄式风格。大桥分为两层，上层是公路，两旁有人行道；下层是铁路。大桥南、北桥头堡下分别是武昌江滩和汉阳江滩，武昌江滩附近有黄鹤楼（从桥头堡步行约半小时可到）、辛亥革命博物馆等景点；汉阳江滩附近有龟山公园和晴川阁等景点。

鹦鹉洲长江大桥

鹦鹉洲长江大桥位于武汉长江大桥上游2.3千米处，连接武昌梅家山立交和汉阳墨水湖北路，是连通汉阳和武昌城区的大通道。大桥桥身为橘红色，犹如一条巨龙横卧在长江之上，颇为壮观。

鹦鹉洲长江大桥是武汉第八座长江大桥，也是世界最大的三塔四跨悬索桥，主桥长约9.3千米，桥面为双向8车道，宽阔平坦。大桥两边均设有1米多宽的观景人行道，游客可以步行近距离看桥观景。大桥栏杆上每隔一段距离就安装着一块雕刻精美的画板，内容包括盘龙古韵、楚凤腾飞、高山流水、白云黄鹤等15种，楚韵浓郁。

PART 4

欢聚在武汉

武汉园博园

武汉园博园

武汉园博园是第十届中国国际园林博览会（简称园博会）的举办地。第十届园博会成功举办后，武汉园博园作为城市公园永久保留，市民不用出武汉，就能轻松欣赏全国各地的园林之美，是休闲散心的好去处。园博园分为南、北两大区域，北区位于东西湖区，南区位于硚口区，总面积为213.77公顷，相当于8个中山公园那么大。要想逛完整个公园，至少需要半天到1天的时间。如果时间不够充裕，建议参观之前先规划好游玩路线，挑一些感兴趣的展区看。

门票价格：

门票：60元/人

● 优待政策：6周岁以下儿童、身高1.3米以下儿童、残疾人士、65岁及以上老年人、现役军人、军队离退休干部免费。

归元禅寺

归元禅寺位于武汉市汉阳区，始创于清顺治十五年（1658年），是当地最重要的寺院之一。归元禅寺最有特色的是罗汉堂的500尊金身罗汉。走进罗汉堂，只见500尊罗汉个个惟妙惟肖，有的盘腿端坐，有的卧石看天，有的在研读佛经，有的在驱邪除恶。在寺中的罗汉堂，数数罗汉，看看自己的时运如何，也是游玩归元禅寺必做的趣事。

门票价格：

成人票：10元/人

节假日票价：20元/人

归元禅寺

与军运同行——武汉军运会观赛指南

汉口江滩

汉口江滩

汉口江滩是武汉的标志性景点，见证了"大武汉"兴盛和衰落。江滩全长约 7 千米，市民和游客经常游览的是市政府办公楼至江汉关大楼这一段。

濒临长江的汉口江滩，见证了武汉曾经繁华的一段往事。那时的武汉，是近代中国仅次于上海的中国第二大工业和贸易中心，中国内地西化的大都市。

如今的汉口江滩，车流滚滚的沿江大道旁，保留着十几幢风格各异的百年老建筑，每一幢建筑的背后，都有一段被人遗忘的故事。在这里漫步，能看到 20 世纪初建造的德国领事馆（现市政府）、汇丰银行汉口分行（现光大银行）、花旗银行汉口分行（现工商银行）等，而江汉关大楼，从 1922 年建成至今，一直是武汉海关的办公场所。

晴川阁

古德寺

晴川阁

汉阳龟山上的晴川阁，濒临长江，与长江对面的黄鹤楼夹江相望，与黄鹤楼、古琴台并称"三楚圣境"。晴川阁始建于明代，如今的建筑是20世纪80年代根据历史照片复建的。在楼阁上，吹江风，看江景，十分惬意。晴川阁，得名于唐朝诗人崔颢"晴川历历汉阳树，芳草萋萋鹦鹉洲"诗句。景区由晴川阁、禹稷行宫、铁门关三大主体建筑和禹碑亭、荆楚雄风碑以及牌楼、临江驳岸、曲径回廊等十几处附属的小景点组成，再现了楚人依山就势筑台、台上建楼阁的风貌。

古德寺

始建于清光绪三年（1877年）的古德寺，隐藏在长江二桥下汉口段错综复杂的小街巷里，很多武汉市民也只是听说过，而并没有亲身来过。你需要穿过弯弯曲曲的小街巷，才能来到这个如今是比丘尼（俗称尼姑）修行的寺庙。院落中供奉着一尊四面佛，是张紫珊女士在1997年出资，从泰国将这尊四面佛请到古德寺的。佛的四面分别代表慈悲、仁爱、博爱和公正。

中山公园

中山公园

现已成为集休闲、娱乐、游艺等多项服务功能于一身的大型综合性公园，是武汉闹市中的"绿宝石"。公园分前、中、后三个景区。前区是中西合璧式的园林景观区，有棋盘山、四顾轩、松月轩等园林景点；中区是现代化的休闲文化区，有受降堂、张公亭、大型音乐喷泉等；后区为大型生态游乐场，游乐项目达 40 余项，过山车、摩天轮、激流探险、豪华碰碰车等惊险有趣的项目掩映于绿树浓荫下。每逢节假日，很多家长都会带着孩子来这里游玩，欢声笑语不断。

辛亥革命武昌起义纪念馆

辛亥革命武昌起义纪念馆位于湖北省武汉市武昌蛇山南麓的阅马场北端，占地面积 666.67 公顷，建筑面积 6000 多平方米，是全国重点文物保护单位、国家 4A 级旅游景区。

纪念馆主体建筑为二层红色楼房，因此又称"红楼"。1911 年 10 月 10 日，

江汉关

武昌起义成功后，革命党人进驻这里，成立了中华民国军政府鄂军都督府，发布了第一号布告，宣布废除清廷封建君主专制，建立中华民国，结束了中国2000多年的封建君主专制制度。这里珍藏大量文物和文字、照片资料。2017年5月18日，成为第三批国家一级博物馆。

辛亥革命武昌起义纪念馆同时也是第一批全国中小学生研学实践教育基地。

江汉关

江汉关位于湖北省武汉市沿江大道与江汉路交会处，占地面积1499平方米，建筑面积4009平方米，大楼使用英国建筑形式，主楼4层，底层为半地下室，钟楼4层，总高度46.3米，为武汉当时最高建筑，也是武汉市标志性建筑之一、汉口租界的核心建筑。

江汉关大楼无论从外观还是建筑质量，都堪称当时国际先进水平。它是中国从闭关自守走向开放包容的载体；它是汉口开埠的见证人，是武汉沧桑历史的纪念碑，具有重要的历史价值和建筑艺术价值。

与军运同行——武汉军运会观赛指南

4-5
商圈
在武汉

武汉地处中国核心，占据长江、京广两大交通坐标，自古"九省通衢"，商业繁盛。多年发展，武汉商业格局基本形成。汉口、汉阳、武昌各有多个主要商圈，其中尤以汉口武广商圈、江汉路商圈为最。汉阳基本定位为工业制造中心，商业相对较弱；和汉口繁华商业闹市相比，武昌则更多地散发着政治、文教的气息。以下将重点介绍几个商圈。

江汉路步行街

江汉路商圈

江汉路商圈是武汉规模较大的商圈之一，始名于20世纪20年代，当时之盛况被形容为"车马如梭人如织，夜深歌吹未曾休"。2000年，这个历史形成的商业中心经过7个月的全面改造，将现代商业节奏与古朴沉静的建筑气派融为一体。商圈内，有一座武汉万达商业广场以及中心百货、大洋百货、王府井百货、新世界时尚广场等百货店，商家的密集度在武汉名列前茅。

标志性地点：

● 江汉路步行街

江汉路步行街有"天下第一步行街"的美誉，位于湖北省武汉市汉口中心地带，南起沿江大道，贯通中山大道、京汉大道，北至解放大道，全长1600米。宽度为10～25米，是武汉著名的百年商业老街，也是"武汉20世纪建筑博物馆"。

始建于1906年的中山大道，距今110年历史，是老汉口最重要的商业交通干道。江汉路与地铁2号线、6号线贯通同步，百年中山大道化身集商业文化、风情等于一体的景观大道，逐步向国际著名商业大道看齐。

武汉国际广场

武广商圈

屹立武汉市中心达 40 年的武广商圈，是武汉最早成形，也是最大、最繁华的商业区，这一商圈聚集着汉口地区中高档写字楼和商业广场，其中以泰合广场、世界贸易大厦和武汉广场为代表。

标志性地点：

● 武汉国际广场

武汉国际广场购物中心位于武汉市汉口中央商务区具有黄金商圈美誉的解放大道，与毗邻的武汉广场、世贸广场共同组成了武商集团的旗舰商业组群——武商国际摩尔城。它是武商集团在 2007 年倾力打造出的高端购物中心，是武商集团五年宏伟规划蓝图中具有历史意义的创举，它的出现标志着武汉零售业态进入了又一个崭新的纪元。

汉正街商圈

汉正街是一条历史悠久的街，位于武汉市硚口区，汉口的繁华地带。它的存在为武汉的历史添上了浓墨重彩的一笔，过去的汉正街曾把握着武汉早期商业的命脉。改革开放初期，汉正街曾被称为全国小商品市场第一街。

标志性地点：

● 汉正街品牌服饰批发广场

汉正街品牌服饰批发广场，以"引领服装批发市场新潮流，打造品牌连锁经营新业态"的理念，成为海内外众多品牌服饰竞争中国市场制高点青睐的平台。

光谷商圈

光谷步行街位于湖北省武汉市洪山区鲁巷广场，毗邻全国著名高校华中科技大学，是由一条1350米步行商业街串起，集购物消费、餐饮娱乐、旅游观光、休闲健身、商务办公、酒店居住于一体的、多功能、全业态、复合型超级商业步行街。

标志性地点：

● 光谷步行街

光谷步行街位于湖北省武汉市洪山区光谷广场，总占地面积41.79万平方米，总建筑面积约150万平方米，一条1350米世界最长纯步行商业街串起，由现代风情街、西班牙街、德国风情街、意大利风情街和法国风情街组成，外连世界城广场，是集购物消费、餐饮娱乐、旅游观光、休闲健身、商务办公、酒店居住于一体的，多功能、全业态、复合型超级商业步行街。

光谷步行街

徐东大街

徐东商圈

徐东商圈开始是非常不起眼的,后来交通发达后开始显现自己独特的魅力。这里聚集了很多包括商场、门店在内的不同店铺,品牌种类繁多,很多小吃店随处可见,总之也是一个不错的地方。

标志性地点:

● 徐东销品茂

在 2001 年,武汉中商集团引进国外超级商业模式"shoppingmall",在徐东平价广场对面圈地近 20 万平方米,投资 7 亿元,兴建武汉商界航母——"销品茂"。目前,销品茂日均人流量达 5 万人,周末 8 万~15 万人,每天进出的车辆 5000 辆,高峰期 7000~8000 辆。

街道口商圈

街道口商圈也是随着时代的变迁而产生的,这里不仅配备着很多大型购物中心/商场,比如群光广场、珞珈创意体验城等,而且这里的IT产品很多,很多想买电脑的市民都会来这里选购。

标志性地点:

● 珞珈创意体验城

珞珈创意体验城建筑面积16万平方米,提供生活各方面的创意产品。珞珈创意体验城打造"霓裳之都、数码乐园、饮食武汉、青春体验、创意展区、新星秀场"等九大主题,充分融合视觉创意、舌尖创意、灵感创意于一体,铸就武汉最大的独家创意工作室。

街道口

2019

王家湾商圈

王家湾位于汉阳,早期人流量不大,可能也和交通不便有一定的关系,交通发达了,自然人就多了。再加上这里有摩尔城、欢乐购等大型购物中心,还有很多大型的超市影院,入驻了很多大品牌,现在也成为武汉市知名商圈。

标志性地点:

● 武汉摩尔城

武汉摩尔城是武汉市大型商业综合体之一。2010年12月18日,位于汉阳王家湾的武汉摩尔城正式开业。

武汉摩尔城位于汉阳区王家湾商圈核心地段,占地约5.34公顷,总建筑面积12万平方米,是武汉市最大商业综合体之一,汇聚了广百百货、沃尔玛超市、金逸国际电影城等十大金牌商户,形成集购物、文化、休闲、餐饮、娱乐多功能于一体的大规模商业集群。

武汉摩尔城正式开业,加入武汉商业战场,武汉商业进入汉口、武昌、汉阳三镇鼎立的"三国时代"。

武汉摩尔城

楚河汉街

楚河汉街商圈

楚河汉界具有独特的优势，这里聚集了很多时尚元素，是中国目前最长的一条城市商业街，其建筑带有浓浓的复古风格，具有浓厚的文化气息。

标志性地点：

● 汉街

楚河汉街是武汉中央文化区一期项目重要内容。项目规划面积1.8平方千米，总建筑面积340万平方米，是万达集团投资500亿元，倾力打造的以文化为核心，兼具旅游、商业、商务、居住功能的世界级文化旅游项目。定位是"中国第一，世界一流，业内朝拜之地"，将打造成世界文化新品牌。楚河汉街不仅是商业，更是城市历史文化和生态景观工程，经济社会综合效应十分显著。"楚河"贯穿武汉中央文化区东西，是文化区的灵魂。"楚河"全长2.2千米，连通东湖和沙湖，是国务院批准的武汉市"六湖连通水网治理工程"的首个工程。

与军运同行——武汉军运会观赛指南

Part 4

WUHAN 2019　欢聚在武汉

4-6 文娱在武汉

"黄鹤楼中吹玉笛,江城五月落梅花",这句诗是对武汉最美的诠释,浓厚的文化底蕴为武汉这座历史古城增添了特色。春季樱花烂漫,夏季荷花盛开,秋季芦苇花开,冬季梅花绽放,品读完文化风韵,停留脚步,感受武汉众多高校的文化气息。武汉是重要的科教基地,截至 2019 年有高校 98 所,其中普通高校和本科院校数仅次于北京,居全国第二;教育部直属全国重点大学数量居全国第三;在校大学生和研究生总数 150 万人,居全国第一。以下将围绕着文化娱乐进行介绍。

武汉大学

武汉大学

武汉大学前身为清末湖广总督张之洞创立的自强学堂，1928年，更名为"国立武汉大学"。学校濒临东湖，环抱珞珈山，校园内绿树成荫。近年来，武大的樱花名声远扬，校园内主要赏樱地点有樱花城堡、樱花大道、樱顶、鲲鹏广场等处。作为"中国大学校园建筑的佳作与典范"，武汉大学除了樱花，更值得一看的是那一幢幢的老建筑。宋卿体育馆、老图书馆、老文学院，还有被学生称为"樱花城堡"的老宿舍（也称老斋舍）。而珞珈山腰东南的教工住宅群，建筑风格更是整体采用了英式乡间别墅风格，每一栋都自有其特点。

华中科技大学

华中科技大学，由原华中理工大学、同济医科大学、武汉城市建设学院合并成立，是全国重点大学。校园内随处可见茂密的树林和整洁的草坪，环境极好。随意漫步在校园内的林荫道旁，时不时有才子和佳人从身旁闪过，让人想起自己的大学生活。校园依山傍水，绿草如茵，树木葱茏、环境优美，景色秀丽，被誉为"森林大学"，是读书治学的理想园地，走进校园就能感受到浓浓的学习氛围和逼人的青春气息。

中国地质大学逸夫博物馆

中国地质大学逸夫博物馆是全国首家被认定为国家4A级旅游景区的高校博物馆。

博物馆的前身可以追溯到北京地质学院博物馆，始建于 1952 年。建馆初期，标本主要继承了北京大学地质系、清华大学地质系、天津大学（北洋大学）地质系和唐山铁道学院地质科的收藏。2003 年更名为中国地质大学逸夫博物馆。

据 2018 年 5 月官网资料显示，博物馆建筑面积近万平方米，陈列展示面积 5000 余平方米，馆藏各类地质标本 3 万余件。

2018 年 9 月，被确定为国家三级博物馆。

昙华林

昙华林，位于武汉市武昌区西部，毗邻湖北中医药大学武昌校区，地处城墙内的花园山北麓与螃蟹岬（亦名城山）南麓之间，随两山并行呈东西走向。

历史上的昙华林是指与戈甲营出口相连的以东地段。1946 年，武昌地方当局将戈甲营出口以西的正卫街和游家巷并入统称为昙华林后，其街名一直沿袭至今。

现昙华林街位于武昌花园山以北、凤凰山以南，东起中山路，西至得胜桥，全长 1200 米，是明洪武四年（1371 年）武昌城扩建定型后逐渐形成的一条老街。

昙华林

汉秀剧场

"汉秀"是万达集团与弗兰克·德贡娱乐集团合作，倾力联袂打造的世界顶级舞台秀，已于2014年12月20日在武汉中央文化区开幕。"汉"取意汉族、楚汉、武汉文化精粹之意，"秀"从英文"show"音译而来，指现场演出。"汉秀"以中西合并的方式，对娱乐文化做了最新的演绎，既传承了中国楚汉文化的精髓，又借助全球流行的秀文化为演出形式。汉秀糅合了音乐、舞蹈、杂技、高空跳水、特技动作等多种表演形式，整个剧场通过声、光、电的运用，辅以量身定制的拥有可移动座椅的舞台建筑，形成了非常戏剧性的科技呈现。

武汉琴台大剧院

武汉琴台大剧院位于月湖之畔，汉江之滨。隔湖南望始建于明万历年间的古琴台及梅子山，曾是2007年第八届中国艺术节的主会场。琴台大剧院建筑面积65650平方米，主体建筑由一个1802座的综合大剧院、一个400座的多功能厅和其他辅助设施组成。琴台大剧院以演出国内外各类大型歌剧、舞剧、芭蕾、交响乐、音乐剧、话剧、戏曲等为主。大剧院观众厅面积1413平方米，共分为3层，其中二层和三层分成20个大小不等的露台式包厢。可同时容纳1802位观众观看演出。除在大剧场或多功能厅演出经典作品外，剧院还有自己的艺术展厅、艺术排练厅、咖啡厅、餐厅等多项演出服务设施。

武汉海昌极地海洋世界

武汉海昌极地海洋公园是海昌集团继大连老虎滩极地馆、青岛极地馆、天津极地海洋公园、成都极地海洋公园之后，为布局华中，投资建设的第五座涵盖极地与海洋概念的大型主题公园。

武汉海昌极地海洋公园是一座多层多馆组合式室内极地海洋主题公园。场馆的外形犹如一只巨大的白鲸，跃入江城武汉。通过极地与海洋

与军运同行——武汉军运会观赛指南

武汉欢乐谷

珍稀动物和鱼类（帝企鹅、北极熊、伪虎鲸、白鲸、海象、海豚等）的展示、表演与互动，为武汉及华中地区人民开启了一扇了解极地和海洋文化的窗户，打开一道体验南北极和海洋风貌，感受极地海洋文化梦幻之旅的大门。"北极之王"北极熊，"南极精灵"帝企鹅，位于地球两极的动物代表在武汉牵手，武汉人的"极地海洋梦"也就近在咫尺了。

武汉欢乐谷

武汉欢乐谷位于湖北省武汉市欢乐大道 196 号，是深圳华侨城集团继深圳、北京、成都、上海后打造的全国第五个、华中地区首个欢乐谷主题旅游公园，是武汉市倾力打造的复合型、生态型和创新型的大型文化旅游胜地。

武汉欢乐谷拥有亚洲首座双龙木质过山车、国内最大的人工造浪沙滩、最大的室内家庭数字娱乐中心、武汉最大的专业剧场等 50 多项游乐设施。

湖北省博物馆

湖北省博物馆筹建于 1953 年，坐落于武汉市武昌区东湖风景区，占地面积 81909 平方米，建筑面积 49611 平方米，展厅面积 13427 平方米，有中国规模最大的古乐器陈列馆。

湖北省博物馆现有馆藏文物26万余件（套），以青铜器、漆木器、简牍最有特色，其中国家一级文物945件（套）、国宝级文物16件（套）。越王勾践剑、曾侯乙编钟、郧县人头骨化石、元青花四爱图梅瓶为该馆四大镇馆之宝。

武汉科技馆

武汉科技馆始建于1987年，占地面积38720平方米，主要分为科普展览、科技培训、学术报告厅、青少年科技实验、4D影院、天象馆等。科技馆设置了儿童乐园、机器人世界、探索与发现、人与健康、力学与机械、科学与生活、地球与宇宙、数理天地、信息技术、声与光、材料与能源、电与磁等展区，展出了300多件科普展品。

湖北省博物馆

附录

与军运同行——武汉军运会观赛指南

国际军体成员国一览表

（以法文字母为序）

序号	国家	代码	加入时间	序号	国家	代码	加入时间
1	阿富汗	AFG	2003	19	波斯尼亚和黑塞哥维那	BIH	2007
2	南非	RSA	1994	20	博茨瓦纳	BOT	1984
3	阿尔巴尼亚	ALB	1993	21	巴西	BRA	1954
4	阿尔及利亚	ALG	1965	22	保加利亚	BUL	1991
5	德国	GER	1959	23	布基纳法索	BUR	1975
6	安哥拉	ANG	1991	24	布隆迪	BDI	1971
7	沙特阿拉伯	KSA	1974	25	喀麦隆	CMR	1970
8	阿根廷	ARG	1950	26	加拿大	CAN	1985
9	亚美尼亚	ARM	1995	27	佛得角	CPV	1993
10	奥地利	AUT	1958	28	智利	CHI	1973
11	阿塞拜疆	AZE	1995	29	中国	CHN	1978
12	巴林	BRN	1973	30	塞浦路斯	CYP	1991
13	孟加拉	BAN	2007	31	哥伦比亚	COL	2002
14	巴巴多斯	BAR	1997	32	科摩罗	COM	2017
15	白俄罗斯	BLR	1993	33	刚果	CGO	1972
16	比利时	BEL	1948	34	韩国	KOR	1957
17	贝宁	BEN	1979	35	刚果（金）	COD	1970
18	玻利维亚	BOL	1981	36	朝鲜	PRK	1993

续表

序号	国家	代码	加入时间	序号	国家	代码	加入时间
37	科特迪瓦	CIV	1964	63	伊拉克	IRQ	1952
38	克罗地亚	CRO	1993	64	爱尔兰	IRL	1964
39	丹麦	DEN	1948	65	意大利	ITA	1949
40	吉布提	DJI	1982	66	牙买加	JAM	2003
41	埃及	EGY	1950	67	约旦	JOR	1966
42	阿拉伯联合酋长国	UAE	1973	68	哈萨克斯坦	KAZ	1993
43	厄瓜多尔	ECU	1997	69	肯尼亚	KEN	1993
44	厄立特里亚	ERI	2003	70	吉尔吉斯斯坦	KGZ	1995
45	西班牙	ESP	1951	71	科威特	KUW	1966
46	爱沙尼亚	EST	1993	72	莱索托	LES	1997
47	美国	USA	1951	73	拉脱维亚	LAT	1995
48	芬兰	FIN	1964	74	黎巴嫩	LIB	1952
49	法国	FRA	1964	75	利比亚	LBA	1969
50	加蓬	GAB	1974	76	立陶宛	LTU	1993
51	冈比亚	GAM	1993	77	卢森堡	LUX	1948
52	格鲁吉亚	GEO	1999	78	马其顿	MKD	2005
53	加纳	GHA	1969	79	马达加斯加	MAD	1990
54	希腊	GRE	1950	80	马拉维	MAW	1997
55	危地马拉	GUA	1975	81	马里	MLI	1975
56	几内亚	GUI	1981	82	马耳他	MLT	2008
57	几内亚比绍	GBS	1993	83	摩洛哥	MAR	1962
58	赤道几内亚	GEQ	1984	84	毛里塔尼亚	MTN	1989
59	匈牙利	HUM	1991	85	摩纳哥	MON	2010
60	印度	IND	1957	86	蒙古	MGL	1993
61	印度尼西亚	IDN	2010	87	黑山共和国	MNE	2007
62	伊朗	IRI	1957	88	缅甸	MMR	2016

续表

序 号	国 家	代 码	加入时间	序 号	国 家	代 码	加入时间
89	纳米比亚	NAM	1994	114	塞拉利昂	SLE	1977
90	尼泊尔	NEP	2018	115	斯洛伐克	SVK	1993
91	尼日尔	NIG	1975	116	斯洛文尼亚	SLO	1992
92	尼日利亚	NGR	1972	117	苏丹	SUD	1962
93	挪威	NOR	1953	118	斯里兰卡	SRI	1974
94	阿曼	OMA	1977	119	瑞典	SWE	1949
95	乌干达	UGA	1979	120	瑞士	SUI	1968
96	乌兹别克斯坦	UZB	1993	121	苏里南	SUR	1976
97	巴基斯坦	PAK	1952	122	斯威士兰	SWZ	1998
98	巴勒斯坦	PLE	2014	123	叙利亚	SYP	1952
99	巴拉圭	PAR	1980	124	坦桑尼亚	TAN	1997
100	荷兰	NED	1948	125	乍得	CHA	1976
101	秘鲁	PER	1961	126	泰国	THA	1976
102	菲律宾		1995	127	多哥	TOG	1973
103	波兰	POL	1991	128	特立尼达和多巴哥	TRI	2003
104	葡萄牙	POR	1954	129	突尼斯	TUN	1961
105	卡塔尔	QAT	1974	130	土耳其	TUR	1949
106	中非共和国	CAF	1976	131	土库曼斯坦	TKM	2018
107	多米尼加	DOM	1980	132	乌克兰	UKR	1993
108	捷克共和国	CZE	1991	133	乌拉圭	URU	1976
109	罗马尼亚	ROU	1992	134	委内瑞拉	EVN	1974
110	俄罗斯	RUS	1991	135	越南	VIE	1998
111	卢旺达	RWA	1972	136	也门	YEM	1975
112	塞内加尔	SEN	1974	137	赞比亚	ZAM	1975
113	塞尔维亚	SRB	2003	138	津巴布韦	ZIM	1983